AF569604

Bernhard Meyer

Die bespielbare Stadt

Die Rückeroberung des öffentlichen Raumes

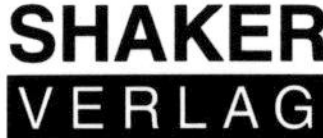

Bibliografische Information der Deutschen Nationalbibliothek
Die Deutsche Nationalbibliothek verzeichnet diese Publikation in der Deutschen Nationalbibliografie; detaillierte bibliografische Daten sind im Internet über http://dnb.d-nb.de abrufbar.

Printed in Germany.

ISBN 978-3-8322-8426-8
ISSN 0945-0920

Shaker Verlag GmbH • Postfach 101818 • 52018 Aachen
Telefon: 02407 / 95 96 - 0 • Telefax: 02407 / 95 96 - 9
Internet: www.shaker.de • E-Mail: info@shaker.de

Umschlag, Satz und Grafik: Claudia Lorenz-Blumöhr, Griesheim
Fotos: Bernhard Meyer

Inhalt

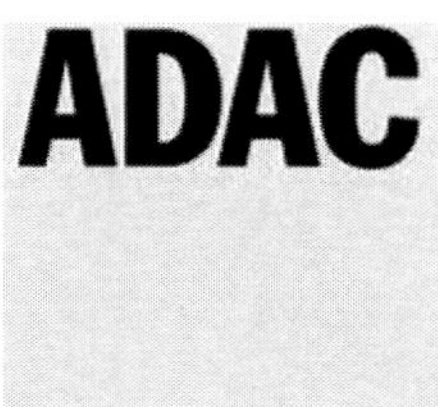

Beim 15. Wettbewerb für Städte und Gemeinden 2008 gehörte Griesheim in der Kategorie “Schülerverkehr” zu den Siegerstädten.

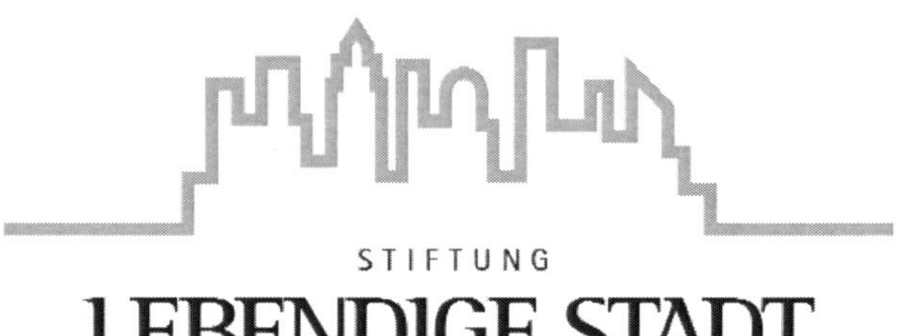

Beim europäischen Wettbewerb der Stiftung "Lebendige Stadt" gewann 2009 das Konzept "Bespielbare Stadt" den Hauptpreis. Thema des Stiftungspreises: "Wege in der Stadt: Kinderfreundliche Mobilität"

Einleitung

Vor 25 Jahren hieß eine Tagung der Pädagogischen Aktion München „Spielräume für Kinder in der Stadt“ und ein Jahr später erschien ein Stadtbuch für Kinder und Familien, in dem Münchener Stadtteile aus Kinderperspektive vorgestellt wurden. Die Nachfolgetagung trug in diesem Jahr den Titel „Zur Ökologie des Spieles – Spielen kann man überall !?“. In einer subjektiven Landkarte zeigte damals Wolfgang Zacharias die Spielumwelt der Parkstraße 1 auf. Und die dritte Tagung forderte „Spielraum für Spielräume“. Was aus heutiger Sicht Nostalgie ist, kann als Anfang einer Entwicklung gesehen werden, in der sich langsam die Fixierung auf die Spielplätze zu lösen begann.

Wie immer bei neuen Begriffen wurde dieser schnell verbal adoptiert, aber in der Praxis weiter Spielplatzplanung betrieben. In der fachlichen Diskussion rollte aber der Spielraumzug unaufhörlich weiter. Von Vernetzung war die Rede, ein Spielwegenetz wurde gefordert. Man propagierte die Spiellandschaft Stadt. Solange dann in Plänen die Summe aller kinderrelevanten Orte erschien und auch Grünzüge und Parks einbezogen wurde, öffnete sich der Blick einerseits, verschloss sich aber gegenüber dem Straßenraum. Hier musste es mindestens die verkehrsberuhigte Zone sein.

Und schließlich tauchten die ersten Objekte im Straßenraum auf, vor allem in Fußgängerzonen. In den Katalogen der Hersteller gab es jetzt auch Spielobjekte. Die Erfahrungsstationen von Kükelhaus markieren hier eine besondere Entwicklung. Es wurde zwar mittlerweile die bespielbare Stadt propagiert, aber trotz hier und da vorhandener Pläne scheuten Verwaltung und Politik die ungewohnte konsequente Umsetzung.

In der südhessischen Stadt Griesheim (bei Darmstadt) ist es jetzt erstmals in Deutschland gelungen, konsequent die Entwicklung von Spielwegen anzugehen und neben den traditionellen Kinderorten weitere 100 Orte im Straßenraum auszuweisen, die deutliche Signale setzen: hier werden Kinder erwartet.

Dieses Buch beschreibt den Weg eines forschenden und später operativen Prozesses, der am 8. September 2009 in der Deklaration als erster bespielbarer Stadt Deutschlands mündete. Partner der Stadt Griesheim und seines Bürgermeisters Norbert Leber war dabei die Evangelische Fachhochschule Darmstadt, in der der Autor im 63. Semester tätig ist.

1. Vom Spielplatz zu den Spielräumen

Der Inhaber einer renommierten Firma, die Spielgeräte herstellt, fasste 1985 seinen Vortrag mit dem Satz zusammen: „Am besten wäre es, wenn wir keine Spielplätze brauchten". (Richter 1985, S. 87) Im Weiteren stellt er natürlich fest, dass es Gründe gibt, warum wir welche brauchen, und was die nächstbeste Lösung sei. Allein das Eingeständnis, dass ein Spielplatz erst die zweitbeste Lösung ist, zeigt den Beginn einer Krise eines exklusiven Kinderortes.

Es wird darauf verwiesen, dass Kinder überall dort spielen konnten, wo sie sich gerade aufhielten. Durch die Errichtung von Spielplätzen trat jedoch auch eine Veränderung des Verständnisses ein. „So wurden Spielplätze im Laufe der Zeit zu Orten, an denen nicht im Sinne einer Ergänzung gespielt werden konnte, sondern sie wurden zunehmend zu Arealen, an denen fast ausschließlich gespielt werden sollte." (Burghardt 1994, S.101)

Was in den drei Tagungen der pädagogischen Aktion 1984-1986 in Bewegung gesetzt wurde, erreichte 1987 die Stadtplaner auf der Fachtagung „Spiel und Lebensraum Großstadt". In der Berliner Erklärung ist von der Vernetzung von Spielräumen und Spielorten die Rede. Die Rückeroberung der Stadt durch Kinder wird gefordert. (vgl. Harms 1989) Bereits damals ist von der bespielbaren Stadt die Rede.

Quelle: Google Juni 2009 - Stichwort: bespielbare Stadt

1. Die bespielbare Stadt - SpielLandschaftStadt e.V. Bremen
Eine multimediale Arbeitshilfe für Laien und Fachleute, die sich zum Thema "Bespielbare Stadt" informieren und aktiv werden wollen.
... www.spiellandschaft-bremen.de/c1095/l22/u10731.htm

2. Die bespielbare Stadt. Kinderfreundliche Stadtplanung als Beitrag ...
Die bespielbare Stadt. Kinderfreundliche Stadtplanung als Beitrag zu einer nachhaltigen Entwicklung. Untersucht am Beispiel des Rhein-Ruhr-Gebietes.
... www.baufachinformation.de/literatur.jsp?dis=2008029008329

3. AK Bespielbare Stadt/Spielen im Freiraum
Hintergrund: Nachdem der AK „Spielen im Freiraum“ seine Arbeit vorläufig abgeschlossen hat, wurde im Juli 2003 der AK „Bespielbare Stadt“ eingerichtet.
... www.f-l-l.de/themen/artikel/artikel_14162.html

4. Stadtentwicklung Wien: Bespielbare Stadt
Bespielbare Stadt Kose-Licka im Auftrag der MA 18 (Wien, 1995) (Diese Arbeit wurde in den “Beiträgen zur Stadtforschung, Stadtentwicklung und
... www.wien.gv.at/stadtentwicklung/bespielbarestadt/index.htm

5. Senatspressestelle - Vortrag im Kapitel 8: “Die bespielbare Stadt ...
April, um 18 Uhr eine Veranstaltung zum Thema „Die bespielbare Stadt erfordert Bürgerengagement“ im Kapitel 8, Domsheide 8, statt.
... www.senatspressestelle.bremen.de/detail.php?id=12152

6. Landeshauptstadt Saarbrücken - Pressemitteilung: Die “Bespielbare ...
Sensibilisierung für alle Aktiven zum Thema “Bespielbare Stadt”, damit sich die Situation von Kindern und Jugendlichen vor Ort verbessert.
... www.saarbruecken.de/presse.nsf/0/5c80436d600b34d7c12566420 04b938b?OpenDocument

Seit mehr als 20 Jahren stehen also Spielräume und die „Bespielbare Stadt“ auf der Agenda. Es gibt Arbeitshilfen. Man untersucht und richtet Arbeitskreise ein. Es werden immer wieder Vorträge gehalten und Versuche gemacht, zu sensibilisieren.

1.1 Ausgangslage

Das Lebensumfeld der Kinder ist in den städtischen Raum eingelagert. Hier besaß zwar der öffentliche Raum eine Bedeutung als Spielort. Indem sich Kinder aber in den Großstädten auf Trümmer- und Brachflächen zurückzogen und in den Mittel- und Kleinstädten die angrenzende Landschaft mit Wiesen, Bächen, Wäldern erreichbar waren, gab es eine friedliche Koexistenz. Diese wurde dann durch sich entwickelnde Spielplatzangebote ergänzt. (vgl. Wollesen 1996, S. 15)

Aber bereits die Berliner Erklärung charakterisierte die Stadt durch

- monofunktionale Räume
- absolute Nutzungsangebote
- betonierte, unveränderbare Realität
- reduzierte Wahrnehmung von Natur und Umwelt (Harms 1989, S.3)

In Folge wird dann aus dem Kinderspielplatz ein Spielghetto. „Hier wird die Randgruppensituation von Kindern planerisch nachvollzogen, in dem sie aus dem öffentlich Raum ausgelagert werden.“ (Apel; Messerich; Pach 1985, S.195)

Paul (1997, S. 125 f.) benennt Lebensräume, Freiräume und Menschenräume als wichtige Voraussetzungen für das menschliche Zusammenleben. Dabei versteht er unter Lebensraum die Ökologie. Als Freiraum wird der Verfügungsraum, der mit mehr oder weniger Auflagen die Entfaltung des Menschen ermöglicht. Und schließlich sollen Menschenräume Exclusivorte sein, die entsprechend ihrer Gestaltung Frei- oder Lebensräume einengen oder ausschließen.

Nach Ansicht von Paul (1997, S.133) nehmen mit Zunahme der Menschenräume die Lebensräume deutlich ab. Aufgrund der hohen Fahrzeugfrequenz nehmen auch die Freiräume ab.

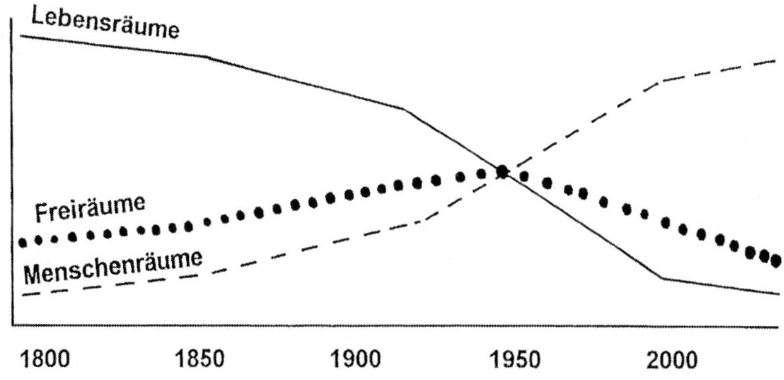

Die Pionierarbeit der deutschen Sozialisationsforschung von Muchow / Muchow (1935 / 1978) differenziert zwischen dem Raum,

- in dem das Kind lebt (zugewiesener Möglichkeitsrahmen);
- den das Kind erlebt (tatsächliche Erfahrungen);
- den das Kind lebt (tatsächliches Nutzungsverhalten).

Dass nicht nur die vorgefundenen räumlichen Möglichkeiten eine Rolle spielen, sondern im Sozialisationsprozess die Eltern den Zugang dazu beeinflussen, zeigt Bronfenbrenner (1986). Er sieht Eltern von ihrer Umgebung dahin gehend beeinflusst, dass diese sich in ihren Einstellungen und Verhalten gegenüber den Kindern reflektiert. In Verboten, Geboten, Unterstützung, Aufforderungen spiegelt sich eine Umwelt wider, die von Erwachsenen sowohl real erlebt als auch sozial vermittelt wurde. Dies steht im Kontrast zu Erfahrungen des Kindes, das andere oder noch keine vergleichbaren Erfahrungen gemacht hat. Der physikalische Raum wird aus der Sicht des Kindes sozial vermittelt und kontrolliert. So entstehen im Laufe des Sozialisationsprozesses eine Differenz zwischen dem zugewiesenen Möglichkeitsrahmen und dem tatsächlichen Nutzungsverhalten. Dies soll am Beispiel des Straßenraumes aufgezeigt werden.

1.2 Straßenraum

Zwischen der Einschätzung, dass die Straße “aneinander gereihte Hausvorplätze” seien, und der Einschätzung, dass die Straße “tatsächlich eine technische Fortbewegungsbahn oder Rollbahn darstelle” (Rönnebeck 1971, S.21) liegen höchstens zweihundert Jahre. Es ist dies gleichzeitig die Geschichte der Trennung von öffentlicher und privater Kommunikation. Zwar war der Straßenraum öffentlich, doch wurde er, wie die Kennzeichnung “Hausvorplatz” deutlich macht, ergänzender Raum für private Interessen, wie Hausarbeit, Spielen, Feiern, sich Treffen. Die Straße war Privateigentum und Öffentlichkeit zugleich.

Die Industrialisierung, begleitet von Arbeitsteiligkeit, Trennung der Funktionen und Zentralisierung von Einrichtungen, brachte nicht nur eine Trennung von Wohn- und Arbeitsstätte, sondern damit auch einen Anstieg des Personen- und Warenverkehrs. Eine zunehmende Transportfunktion der Straße verdrängte die bestehenden Tätigkeiten und Funktionen von den Straßen. Öffentliche Nutzung und private Verantwortlichkeit fielen auseinander.

Trotz der Verdrängung des multifunktionalen Charakters der Straße, trotz Trennung von öffentlicher und privater Kommunikation, entfaltet die Straße sozialisatorische Wirkung. "Als Umschlagplatz von Verkehrsstrom, Waren- und Geldmarkt steht sie einerseits unter dem Diktat und Zugriff ökonomischer Interessen. Andererseits weist sie Leerräume auf, fordert zur Inbesitznahme auf. Kinder und Jugendliche lernen hier zweierlei: sie üben die ordentlichen Bürgerrollen des Käufers, Konsumenten und Verkehrsteilnehmers ein; und sie übernehmen Bestandteile historisch unterdrückter, verpönter Straßenexistenz als Pöbel, Publikum, Stadtstreicher und Vagabund." (Zinnecker 1980, S.744)

Während die Straße geprägt war von der Verzahnung des Privaten mit dem Öffentlichen, stoßen heute die Territorien zunehmend unmittelbarer aneinander. Flade (1993, S.90) berichtet von finnischen und spanischen Untersuchungen, aus denen gerade das Verschwinden von Spielorten als Treffpunkt bestimmter abgegrenzter Gruppen oder aufgrund von Infrastrukturangeboten abzulesen ist.

Das Klischeebild des heranwachsenden Kindes, dessen Erkundungsradien ständig wachsen, ist nicht durch eine Realität gedeckt, in der zunächst sehr schnell eine Erweiterung stattfindet. Erwachsene übernehmen Transportfunktionen und erschließen auch entlegene Räume, die allerdings dann als Erfahrungsinseln isoliert und unverbunden bleiben.

Sobald die Kinder eigenständig beginnen, ihre Wohnumwelt zu erschließen, weil sie physisch, psychisch und sozial dazu in der Lage sind, engt sich ihr Bewegungsradius dramatisch wieder ein. Wie die erneute Ausweitung erfolgt, ist nicht zuletzt von der Einschätzung der Eltern hinsichtlich des Gefährdungspotentials abhängig. Dieser gesamte Vorgang ist nicht immer so gewesen, sondern in seiner Verinselung und Diskontinuität Ausdruck einer durch Menschen erzeugten Wirklichkeit.

• Verlorengegangen sind Aufenthaltsflächen,
so dass stehenbleibende, sich aufhaltende Personen ein Hindernis darstellen und damit zum Störfaktor werden.

• Verlorengegangen sind Aufenthaltserfahrungen,
gemeint als Erfahrungsraum. Erfahrung vermittelt sich über die Sinne.

Unterschiedliche, in der Umgebung einmalige Erfahrungsmöglichkeiten haben der Straße ein unverwechselbares Profil gegeben, waren identitätsstiftend.

• Verlorengegangen ist die Aufenthaltsperspektive,
die den Blick und die Aufmerksamkeit anders bündelt. Wer sich nur bewegt, kennt nicht mehr den Blickwinkel derjenigen, die sich aufhalten.

• Verlorengegangen ist eine Aufenthaltsqualität,
die die Chance lässt, Teil einer spezifischen Straßenwirklichkeit zu werden, die zum Einzelnen passt.

Und dies zeigen auch weiterhin Bebauungspläne. Für Fahrzeuge sind zwei Vorgänge vorgesehen:
1. Die Bewegung von A nach B, das nennt man Fahren. Dafür gibt es eine eigene Fahrbahn.
2. der Aufenthalt, genannt Parken. Dafür werden die eigenen Parkplätze bereitgehalten.

Für Menschen ist nur ein Vorgang ausgewiesen, nämlich die Bewegung von A nach B, also Gehen. Dafür ist der 1,50 m breite Gehweg vorgesehen. Die Straße als Aufenthaltsort bleibt unberücksichtigt.

Die gleichförmige Rastrierung und Orientierung in Fahrtrichtung betont den Charakter der Straße als Transportbahn. Das Moment der Identifikation, der sukzessiven Orientierung entfällt, da die Straße als Ganzes sofort erfasst ist. Es bleibt nur übrig, diese als Strecke zu durchqueren.

Was für Erwachsene "Überblick" bedeutet, ist aber aus kindlicher Perspektive von 70 - 90 cm ein "endloser" Weg mit unabsehbarem Ende. Die Unendlichkeit beginnt nach 10 Metern. Und wenn diese geschafft sind, bleibt wiederum eine neue uniforme Unendlichkeit. Ist es nachvollziehbar, wenn plötzlich ein plattgetretenes Kaugummi auf dem Pflaster interessant wird? Die Reduktion auf Verkehr-, auf Bewegungsfunktionen für Autofahrer, Radfahrer, Fußgänger vernachlässigt die Bedürfnisse von Kindern und alten Menschen. So wird ihnen unreflektiert die Grundlage für Aneignungs-, Entscheidungs- und Kommunikationsprozesse, die lebensentwickelnd und -erhaltend sind, entzogen. Wo der Straßenraum diese

Qualität nicht ausweist, werden die einen immer weniger rausgelassen, die anderen trauen sich immer weniger vor die Tür. Eine Straße in lebensbedrohender Bewegung ist wie Freiheitsentzug - ohne Urteil. (Meyer 1991, S. 14 ff)

Thomas (1979, S. 97) weist darauf hin, dass auch Minimal - Spielflächen Bedeutung haben. „In einem offenen System von Spielräumen in der Stadt zählt jede auch nur wenige Quadratmeter große Fläche, die als Versteck, als Rückzugsort oder als vorübergehender Aufenthaltsort benutzt werden kann." Schon vor 30 Jahren wies sie darauf hin, dass diese kleinen Flächen Teil eines offenen Systems sind. „Sie sind miteinander durch Wege verbunden und bilden die Struktur des Spielreviers in einer Gruppe von Kindern."

Doch die fachliche Einsicht ist das Eine, das politische Bewusstsein das Andere. So forderte Meyer (1994, S. 42) pointiert Autobahnstandard in Wohnstraßen. „So wie für müde und in der Fahrtüchtigkeit eingeschränkte Autos es neben der Autobahn Standstreifen gibt, so muss es auch in Wohnstraßen Rastplätze geben, so dass man stehen bleiben kann, ohne zum Störfaktor zu werden."

Und er wies auf den Fußsteher als Typus hin: „Straße ist nicht nur eine Transportbahn, sondern auch ein Aufenthaltsort. Der Fußgänger suggeriert das Unterwegssein. ... Es gibt auch den stehenden, sich aufhaltenden Menschen im Straßenraum."

2. Definitionsoffene Spielobjekte

Eine Rutsche ist eine Rutsche. Darauf wird gerutscht. Das Begehen der Rutschfläche in umgekehrte Richtung stellt eine Zweckentfremdung dar. Das Sitzen und Palavern auf einer Tischtennisplatte wird als nicht sachgerechte Benutzung angesehen. Erst werden Spielobjekte von Erwachsenen definiert, dann von Kindern umdefiniert.

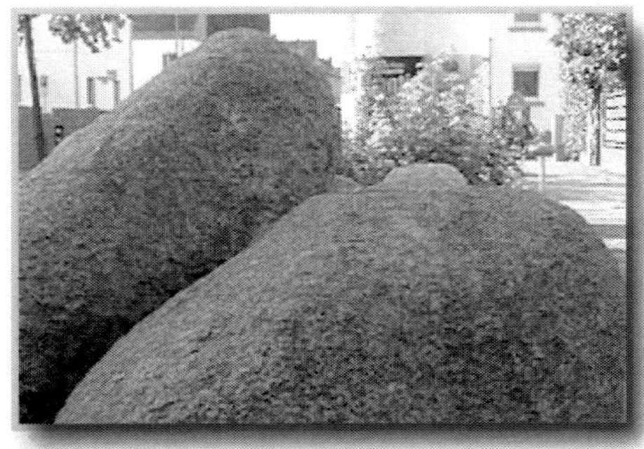

Ist das etwas zum Spielen?

Ein Findling dagegen hat keine Vorbestimmung durch Erwachsene erfahren. Er liegt einfach da und kann angesehen werden. Aber er lässt sich umrunden. Man kann sich draufstellen oder –legen. Herunterspringen macht Spaß. Und es lässt sich herausfinden, wieviel Kinder darauf passen.

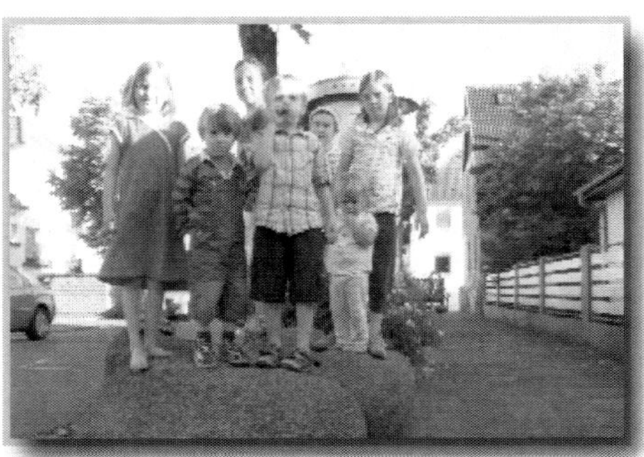

Wieviel Kinder gehen auf einen Stein?

Damit eignen sich solche Objekte für den Straßenraum, die nicht definiert sind. Wenn am Wege blaue Kugeln auf Stangen stehen, wollen Erwachsene wissen, wofür sie da sind? Wofür? „Weiß ich auch nicht, aber da sind schon wieder welche."

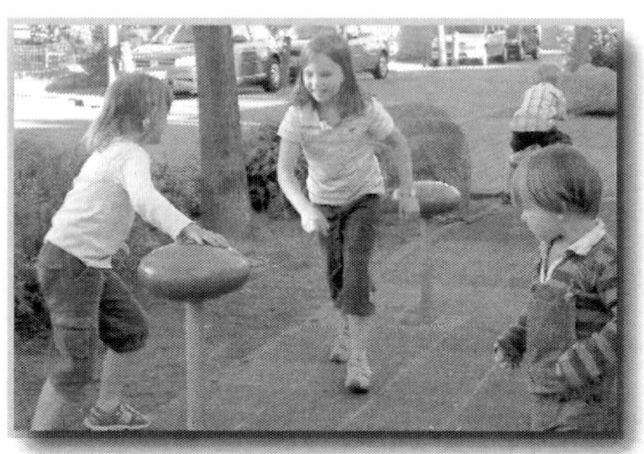

Niemand hat vorher bestimmt, was man damit macht.

Kinder können darüber hüpfen. Ältere Menschen ruhen sich darauf aus. Das Mädchen stellt sich drauf, um den Jungen besser küssen zu können. Mit dem Fahrad kann man die Pfosten umrunden. Und, und ...

Naturmaterialien wie Findlinge und Baumstämme sind definitionsneutral. Aber auch Anbieter von Spielplatzgeräten haben den öffentlichen Raum entdeckt und bieten Spielobjekte an. Unterschiedliche Qualitäten werden angeboten für die Grob- und Feinmotorik. Man kann wippen, schwingen, wirbeln, drehen und balancieren. Aber auch kommunizieren und experimentieren. (Eine Auswahl mit dem Stand von Anfang 2008 befindet sich in der Anlage. Es kommen immer Neue hinzu.)

Und selbst dort, wo der öffentliche Raum keine Nischen anbietet, oder der Weg zu schmal ist, kann durch die Veränderung des Bodenpflasters eine andere Qualität erreicht werden. Eine Unterbrechung des Verbundsteinpflasters durch gestaltete Flächen oder der Austausch einzelner Steine durch farbige Steine zu einem Wegeband können hier Gestaltungsmittel sein.

3. Projektort Griesheim

Griesheim ist eine Stadt mit 25.470 Einwohnern. Im Rhein-Main-Gebiet gelegen befindet sie sich in der unmittelbaren Nachbarschaft zu Darmstadt. Die Gemarkung weist eine Flächengröße von 2.154,88 ha auf. Drei Grundschulen und eine Gesamtschule mit Gymnasialzweig sowie 13 Kindertagesstätten und 25 Spielplätze sind zu vermerken. Vier Sportanlagen, Frei- und Hallenbad sowie sechs Sporthallen komplettieren das Angebot für Kinder.

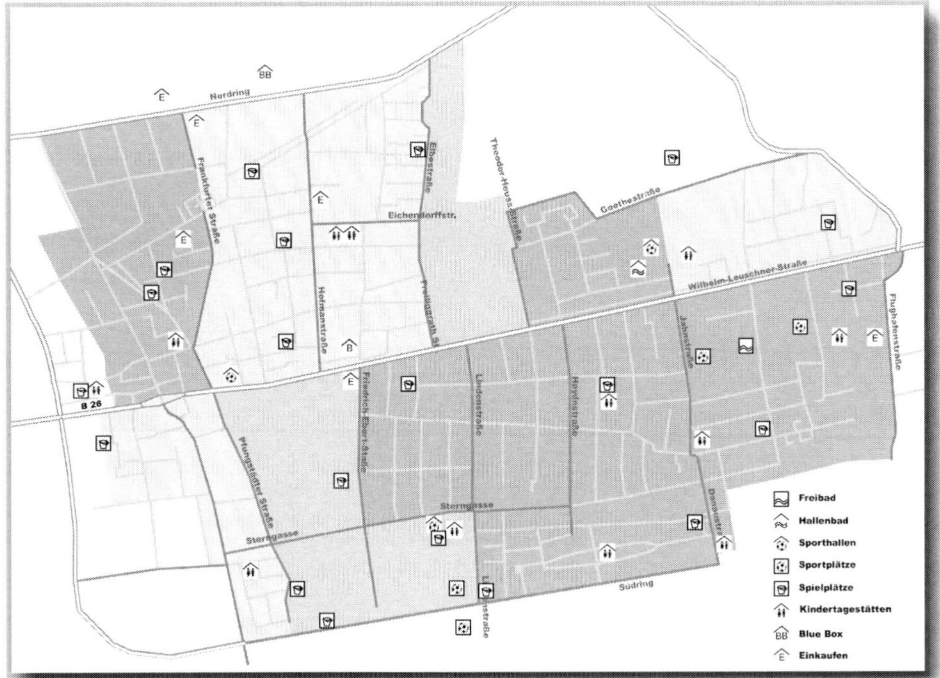

Viele unverbundene Kinderorte in Griesheim

3.1. Stadterkundung

1994 fand die erste Stadterkundung durch Kinder in Griesheim statt. Eine Analyse der Dokumentation ergab vor allem positive Hinweise auf Sandhaufen in Baustellen, Wasserpfützen auf dem Spielplatz, die Schlangenrutsche im Freibad, Tiere beobachten an den Fischteichen, ein großes

Loch im Feld, eine Wohnung im kaputten Wohnwagen, der Keller als Höhle, die Dachrinne als Tankstelle, Mohnblumen, Kieselsteine, das Gebüsch als Versteck, Balancieren auf der Mauer, Treppe/schräge Flächen rauf- und runterlaufen, Schaukeln am Tor, Geheimgang in hohlen Hecken, mit Wasser spritzen am Brunnen, auf dem Blumenkasten balancieren.

Wenige negative Hinweise beziehen sich auf Hundekot auf Wegen. Hinweise beziehen sich vor allem auf enge Fußwege durch anparkende Autos und Müllbehälter. Unübersichtliche Stellen bilden eine zweite Kritikgruppe. Und schließlich werden zu schnell fahrende Autos moniert. Veränderungen soll es vor allem auf Spielplätzen geben. Dort geht es um die Sitzhöhe der Schaukel, um zu kleine Sandkästen.

Was ist Kindern wichtig? Ein differenziertes Bild ergibt sich bei einer altersspezifischen Auswertung:

	2-5 Jahre	6 Jahre	7 Jahre	8 Jahre	9 Jahre	10 Jahre
Fangen spielen	X					
Rutschen	X	X				
Auf Sandberg spielen	X		X	X		
Mit Wasser spielen			X	X	X	X
Über Gräben springen	X		X	X	X	X
Schaukeln		X	X	X		X
Fußball spielen			X			X
Hütten bauen		X	X			X
Auf Bäume klettern	X	X		X	X	
Verstecken spielen		X		X	X	X
Rollschuhe laufen		X			X	
Tischtennis spielen					X	X

Spielplätze, mit denen sich Kinder vor allem befassen, weisen zu einem Drittel (34%) eine positive Qualität auf. In gleicher Weise wird aber auch eine negative Qualität (31%) diagnostiziert. Ein drittes Drittel (35%) möchte Veränderungen sehen. Bei den Straßen ergibt sich ein ähnliches Bild, wenn zu mehr als einem Drittel (39%) eine positive Qualität erwähnt wird. Ein knappes Drittel (28%) sieht eine negative Qualität. Und einem dritten Drittel (33%) geht es um Veränderungen.

In Griesheim waren drei Jahre später 87% der Hinweise erledigt, 4% noch in Arbeit und 9% wurden begründet abgelehnt. Die Stadterkundung lenkte den Blick vor allem auf die Wege der Kinder. Dort steht sowohl die Attraktivität der Wege als auch die Straßenquerung auf dem Prüfstand.

3.2 Schulwege

Um die tatsächlichen Wege der Kinder kennen zu lernen, erhielten sie farbige Schulkreide ausgehändigt. Jedes Schuljahr erhielt eine andere Farbe. An diesem Tag wurden die Kinder zeitlich versetzt nach Hause geschickt, so dass immer nur eine Schulklasse Unterrichtsende hatte. Vorher wurde von der Klassenlehrerin den Kindern gesagt, dass sie an diesem Tag auf jeden Fall so gehen sollten, wie sie immer gehen, auch wenn dies an der einen oder anderen Stelle nicht so sei, wie es die Eltern ihnen gesagt hätten. Unterwegs sollen sie ihren Weg wie bei einer Schnitzeljagd mit Kreide markieren. Wenn sie eine Straße überqueren, dann wird vorher auf der einen Straßenseite ein Kreuz gemacht und anschließend auf der anderen Seite wiederum. Wenn sie zu Hause angekommen sind, wird abschließend auf der Straße ein großer Kreis gemalt.

Nachdem alle Kinder die Schule verlassen hatten, übertrugen MitarbeiterInnen aus dem Rathaus die Markierungen in einen Plan. Entsprechend den tatsächlichen Wegen und unter Berücksichtigung der Übersichtlichkeit sowie Sicherheitsaspekten, werden dann die Querungsstellen durch zwei ins Pflaster eingelassene Symbolsteine markiert.

Alle zwei bis drei Jahre werden die Positionen durch eine erneute Kreideaktion überprüft (vgl. Meyer 1999, S.105 f.; Steiß 2004, S.189 ff.). Aufgrund der Kartierungen entstand das Wissen über die Schulwege der Griesheimer Grundschüler.

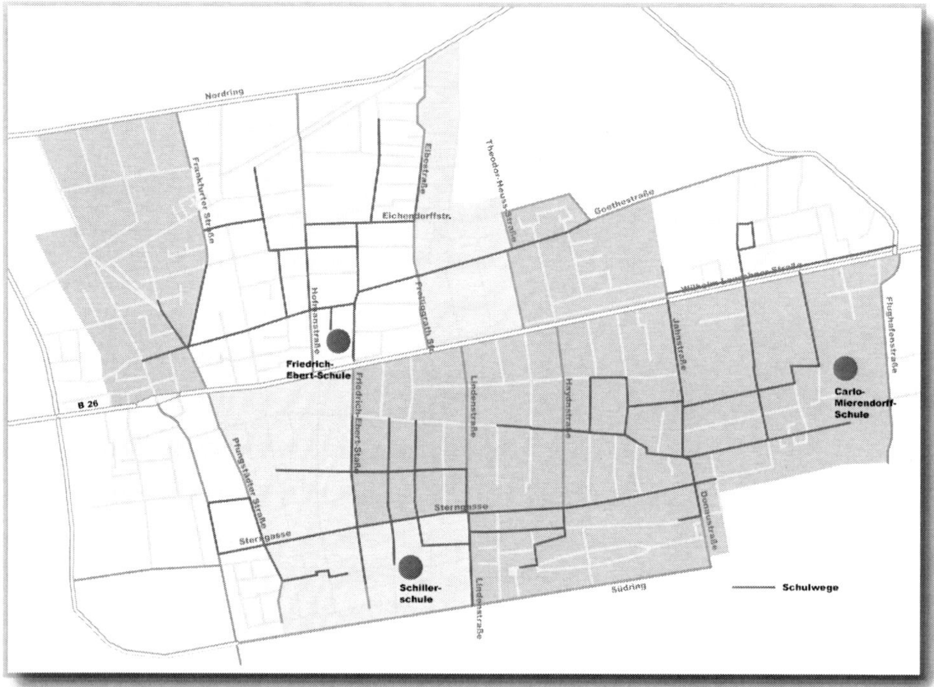

Schulwege, die von mehr als vier Kindern genutzt werden

Die Querungsstellen wurden unter dem Gesichtspunkt der Verkehrssicherheit untersucht. Dabei zeigten sich Problemzonen, an denen zum Beispiel auf einer Länge von 250 Metern insgesamt zehn verschiedene Querungsstellen festgestellt wurden. Für eine Lenkung der Schulwege wurde der „Kleine Griesheimer“ erfunden.

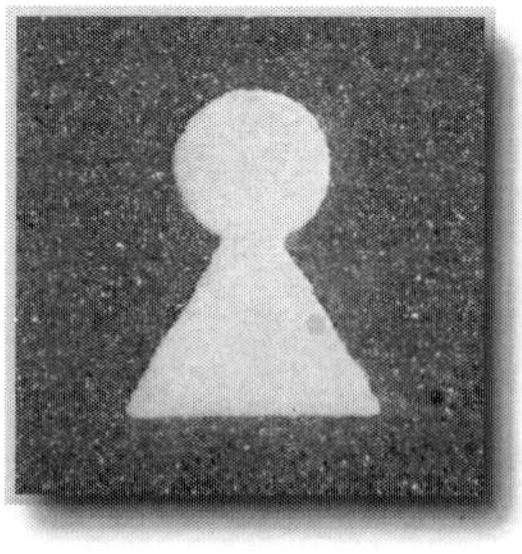

Ins Pflaster eingebracht: "Der kleine Griesheimer"

Im Handzettel an die Eltern heißt es:

Jedes Jahr zu Schuljahresbeginn ergreift viele Eltern die Sorge, dass ihr Kind den unbekannten Weg zur Schule auch bewältigt. Und sie haben es auch schon vorher geübt.
Doch die Sorge um die Sicherheit des Kindes ist das Eine und das tatsächliche Schulwegverhalten der Kinder das Andere. Schulwegkartierungen zeigen immer wieder, das Kinder ihre eigenen Wege gehen. Es gibt Magnete in der Stadt, die die Erwachsenen nicht sehen. Sie ziehen Kinder an oder stoßen sie ab. Da ist der bellende Hund, der Angst macht, aber auch das Geschäft mit seinen Auslagen, das anzieht. Wo die Freundin wohnt, beeinflusst genauso den Weg wie "laute" Strassen.
Auch in Griesheim kennen wir durch die Schulwegkartierungen eigenwillige Wegführungen oder Straßenabschnitte, auf denen auf einer Länge von 250 Metern viele Querungen zu verzeichnen sind.
Auf der Suche nach Orientierungsmöglichkeiten wurde nun ein kleiner Wegbegleiter entwickelt. Eine quadratische Bodenplatte mit einer Figur wurde in das Pflaster am Strassenrand eingelassen und zwar immer dort, wo die Kinder losgehen und wo sie ankommen sollen. Der Schulwegeplan wurde auf diese Weise Teil des Pflasters. Er gibt Eltern und Kindern Sicherheit, die sich jetzt auf die Beobachtung der Strasse konzentrieren können. Sie werden dann schnell entdecken, dass die Querungen oft nicht mehr an den unübersichtlichen Kreuzungen sich befinden, sondern auf dem Straßenstück davor.

In Griesheim, wo diese Bodenplatte erstmals eingesetzt wurden, hat sie bereits einen Namen bekommen: "Der kleine Griesheimer".
Er gibt keine Vorrechte, aber Orientierung. Aufpassen müssen die Kinder weiterhin.

Zunehmend stabilisieren sich die Positionen der "kleinen Griesheimer". Durch Neubaugebiete kommen weitere Querungsstellen hinzu. Es braucht eine Generation von Grundschülern, bis sich die Position der Markierung und Benutzung stabilisiert hat. Trotzdem geht die Bedeutung verloren, wenn sie nicht regelmäßig „beworben“ wird. Kindergärten und Polizisten beziehen bei der Verkehrserziehung dies mit ein.

Grundschulen	2004			
	belassen	verschieben	entfernen	ergänzen
Friedrich-Ebert-Schule	64	3	20	24
Schillerschule	30	6	17	33
Carlo-Mierendorff-Schule	36	13	46	69
Gesamt	130	22	83	126
%	55,3	09,4	35,3	

entfernen
belassen
verschieben

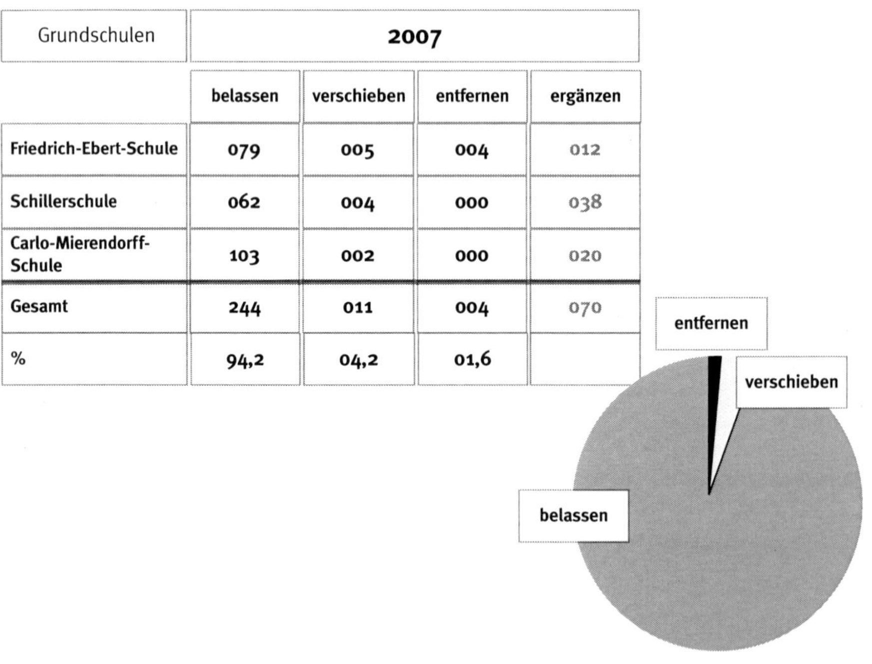

Grundschulen	2007			
	belassen	verschieben	entfernen	ergänzen
Friedrich-Ebert-Schule	079	005	004	012
Schillerschule	062	004	000	038
Carlo-Mierendorff-Schule	103	002	000	020
Gesamt	244	011	004	070
%	94,2	04,2	01,6	

Grundschulen	2009			
	belassen	**verschieben**	**entfernen**	**ergänzen**
Friedrich-Ebert-Schule	**89**	**2**	**-**	41
Schillerschule	**100**	**-**	**-**	9
Carlo-Mierendorff-Schule	**122**	**1**	**-**	11
Gesamt	**311**	**3**	**-**	70
%	**99**	**1**	**-**	

verschieben

belassen

3.3 Spielstraße auf Zeit

Das gewünschte Ziel einer sicheren Straße, auf der die Kinder spielen können, ist in der Realität nur sehr begrenzt erreichbar. Es gibt in Deutschland kaum Spielstraßen, wohl aber verkehrsberuhigte Zonen. Um das gewünschte Ziel zu erreichen, wurde das Konzept der „Spielstraße auf Zeit" entwickelt.

Im ersten Schritt wurde mit dem Ordnungsamt der Gemeinde unter Berücksichtigung der örtlichen Verhältnisse festgestellt, welche Straßen für dieses Konzept geeignet sind. Außerdem wurden Absprachen mit dem Bauhof getroffen. Dann wurde das Projekt „Spielstraße auf Zeit" öffentlich vorgestellt. Eltern können bei der Stadtverwaltung anzeigen, dass sie an einem Nachmittag in der Woche in ihrer Straße, die Spielstraße auf

Zeit realisieren wollen. Es wird nun zuerst geprüft, ob die gewünschte Straße möglich ist. Außerdem sollte für den gewünschten Tag noch keine andere Anmeldung vorliegen.

Dann erhalten die Anmelder ein entsprechendes Schreiben, in dem die Regeln beschrieben sind. In der Anlage befindet sich ein Ankündigungsplakat, das zu kopieren und am Vortage der Aktion an alle Haustüren der Straße zu kleben ist. Schließlich ist noch ein Heft mit Straßenspielen beigefügt. Am Aktionstage selbst ist die Straße ab 12 Uhr autofrei. (Rettungsfahrzeuge dürfen weiter einfahren). Der Bauhof stellt zu diesem Zeitpunkt Sperrbaken und das entsprechende Einfahrtsverbotsschild auf. Es bekommt ein Zusatzschild „Spielstraße auf Zeit“. Um 18 Uhr räumen dann die Erwachsenen diese Absperrung zur Seite und die Straße hat wieder den alten Status.

Untersuchungen in Griesheim (Hechler 2004, S. 42-61), dass sich das Bedürfnis der Kinder nach Erweiterung ihres Spielraums in einem Interesse an der Straße äußerte. Sie beurteilten die Spielstraße zum einen mit „schön" und „besser als vorher", zum anderen wurde sie von ihnen ausführlich genutzt. Dabei beschränkten sie sich nicht auf wenige Stellen, sondern sie nahmen die ganze Straße in Anspruch. Das Bedürfnis der Kinder, sich ungestört ausbreiten zu können, und ihr Wunsch nach Aneignung, zeigt sich z.B. durch die Kreidezeichnungen, mit denen die Kinder die gesamte Straße füllten. Positiv wirkte sich auch die Sperrung der Straße auf die sozialen Kontakte der Kinder aus. In den Höfen oder zu Hause können sie sich nur in kleinen Gruppen oder zu Zweit treffen. Auf der Spielstraße trafen sich mehr als zwanzig Kinder. Sogar die aus den nahe gelegenen Straßen kamen, um zu spielen.

Die Kinder sind zwar durch die Autos von der Straße gedrängt worden, aber die „Aktion Spielstraße“ hat gezeigt, dass Kinder noch heute etwas mit ihr anfangen können und wollen, wenn ihnen die Möglichkeit dazu geboten wird.

Es stellte sich heraus, dass nicht nur die Kinder von der Sperrung der Straße profitieren. Gerade bei der ersten Aktion zeigte sich, dass auch die erwachsenen Anwohner den Wunsch verspürten, sich auf der Straße aufzuhalten. Sie grillten, tranken Kaffee zusammen oder spielten mit den Kindern.

Die „Spielstraße auf Zeit" erfüllte somit nicht nur die Bedürfnisse und Interessen der Kinder, sondern sie erfüllte auch die Wünsche der Erwachsenen, die aus ihr eine Art Straßenfest machten. Das stieß auf Interessengegensätze mit den älteren Kindern, die jedoch bei der zweiten Sperrung aus dem Weg geräumt wurden.

Interessen von Kindern waren bei der Verkehrsplanung aus dem Blick geraten. Die Straße ist in erster Linie „autogerecht" angelegt. Es zeigte sich, dass die Bewohner, im Interesse der Kinder, Möglichkeiten gefunden haben, den Verkehr wenigstens einige Nachmittage zurückzuhalten. Die klare Verteilung von Flächen, wie sie auch in der Straßenverkehrsordnung dokumentiert ist, wird auch für eine temporäre Veränderung verteidigt. Erst Erfahrungen verändern die Einstellungen. Die Nutzungsansprüche bleiben. Der Perspektivenwechsel muss offensichtlich erkämpft werden.

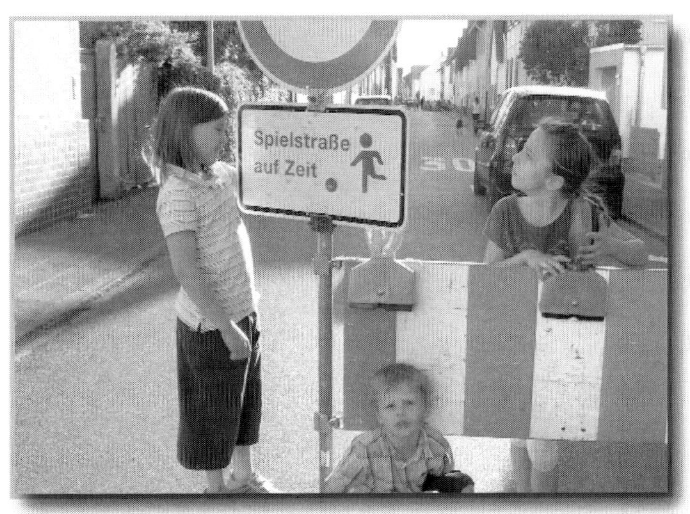

Für fünf Stunden eine echte Spielstaße

4. Untersuchung

Im Lebenslauf eines Kindes sind unterschiedliche Stadien zu bemerken:

- Zunächst ist das Kind in einem Fahrzeug (Buggy, Handwagen) mit Erwachsenen zum Spielplatz unterwegs. Dieser Spielplatz ist wohnungsnah. Da in der Regel keine anderen Spielplätze besucht werden, kann das Ausgangsangebot bei allen Plätzen ähnlich sein.
- Dann geht das Kind in der Begleitung eines Erwachsenen zu Fuß zum Spielplatz. Jetzt werden andere Spielangebote interessant, weil das Wachstum und die zunehmende Körperkraft neue Möglichkeiten erschließen.
- Im Kind wächst der Wunsch, allein zum Spielplatz zu gehen. Dies wird zunehmend verwehrt. Es wird das Angebot des Besuches anderer Spielplätze gemacht. Die Distanzen werden mit dem Auto überwunden. Hier wird ein Alternativangebot erwartet.
- Dem Kind wird zugestanden, sich allein ohne Erwachsene im Ort zu bewegen. Es kann auch auf dem Fußweg Fahrzeuge benutzen. Auch hier wächst das Interesse an anderen Spielplätzen. Der Radius erweitert sich. Alternativangebote werden erwartet.

Aus dem exklusiven Kinderort „Spielplatz“ sind Inseln geworden. Da die Wege dorthin nicht attraktiv sind, sondern durch die Monotonie des Pflasters (Verbundsteine), durch parkende Autos und verschlossene Grundstücke geprägt sind, findet zunehmend ein Fährverkehr mit dem Elterntaxi statt.

Ein Blick zurück zeigt eine Stadt, die durch Baulücken und Zwischenräume einerseits und eine geringe Straßenfrequenz andererseits gekennzeichnet ist. Nicht die Spielplätze dominierten, sondern die Spielräume, die nicht eigens zum Spiel definiert waren, sondern von Kindern dazu erklärt wurden.

4.1 Ziel und Vorgehensweise

Kinderinseln und bedrohte Kinderwege bilden den Hintergrund für dieses Projekt. Ziel ist, für Kinder eine bespielbare Stadt herzustellen, in der die Kinderwege die bekannten Kinderorte, wie zum Beispiel Spielplätze, Schulen, Kindergärten, Schwimmbad, Bücherei, usw. miteinander vernetzen.

Träger des hier vorgestellten Projektes ist im Verbund die Evangelische Fachhochschule Darmstadt (Prof. Bernhard Meyer) und die Stadt Griesheim (Bürgermeister Norbert Leber).

Die Forderung nach der bespielbaren Stadt ist schon erhoben worden, aber keine Gemeinde hat diesen Anspruch konsequent umgesetzt. Unter Beteiligung von Kindern soll dieses Ziel nicht nur konkretisiert, sondern mit Unterstützung der Gemeinde und Sponsoren realisiert werden.

Das Vorgehen weist drei Phasen auf:

1. Projektierung

In einem Konzept, das die Beteiligung von Kindern vorsieht, sind diese von Anfang an einzubinden. Dazu werden ihre Erfahrungen gebraucht.

- Sammlung der Erfahrungen von Kindern mit den Wegen zu Kinderorten
- Evaluation vorhandener Fläche im öffentlichen (Straßen)Raum
- Kartierung und Sammlung von definitionsoffenen Objekten

2. Realisation

Bei der Verwirklichung ist zu berücksichtigen, dass Veränderungen im öffentlichen Raum Wirkungen hervorrufen, die wiederum Sicherheitsaspekte berühren. Die Spielpunkte sind keine Aufenthaltsorte, sondern beschleunigen eher den Bewegungsfluss, sowohl um den Punkt zu erreichen, als auch den Nächsten anzuvisieren. Diese Punkte sind Teil des Spielwegenetzes.

- Prüfung der Sicherheit der Überwege
- Installation von definitionsoffenen Objekten

3. Evaluation

Um die Übertragbarkeit sicherzustellen, werden die einzelnen Phasen dokumentiert. So wie das Projekt mit Kindern begonnen hat, werden sie auch zur Evaluation herangezogen.

- Beschreibung des Ablaufes
- Vorstellung der Objekte
- Kinderbefragung zu den neuen Erfahrungen

Mit diesem Ergebnis wird Griesheim die erste bespielbare Stadt Deutschlands. Es sind bereit in vielen Städten Ansätze versucht worden, die sich dann sich auf die Fußgängerzone beschränkten.

4.2 Kinderbefragung

Aus der Schulwegkartierung ist ein wichtiger Teil der Kinderwege bekannt. Eine Ergänzung soll durch eine Befragung erfolgen. Durch Unterstützung an allen drei Grundschulen konnte eine Vollerhebung mit 1036 Kindern erfolgen. Auf diese Weise wurden nicht nur die Straßen, in denen Kinder wohnen, sondern auch deren wichtige Orte bekannt. Gleichzeitig erfolgte eine Bewertung der unmittelbaren Wohnumgebung. Es gab:

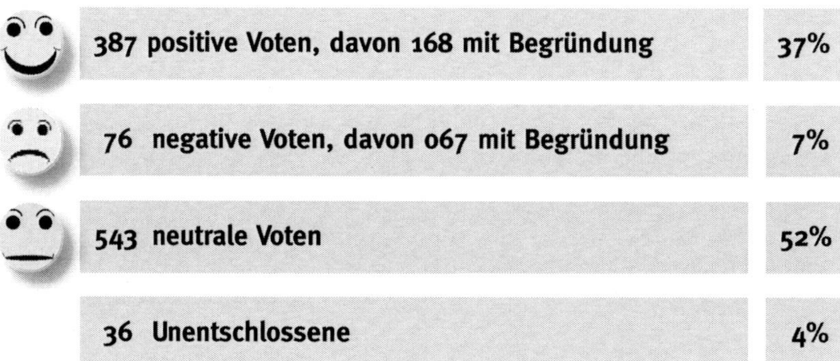

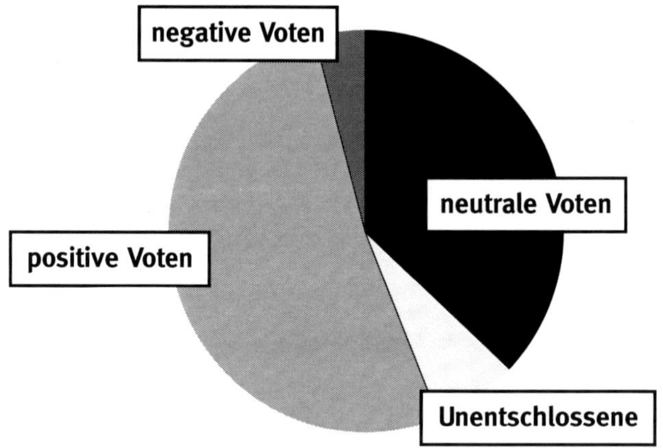

4.3 Qualität der Wohngebiete

Begründungen, warum die Wege positiv bewertet wurden, waren folgende: Andere Menschen, Gefühle, Entdeckungen und die Ästhetik machen die Hauptmomente der **positiven Bewertung** auf:

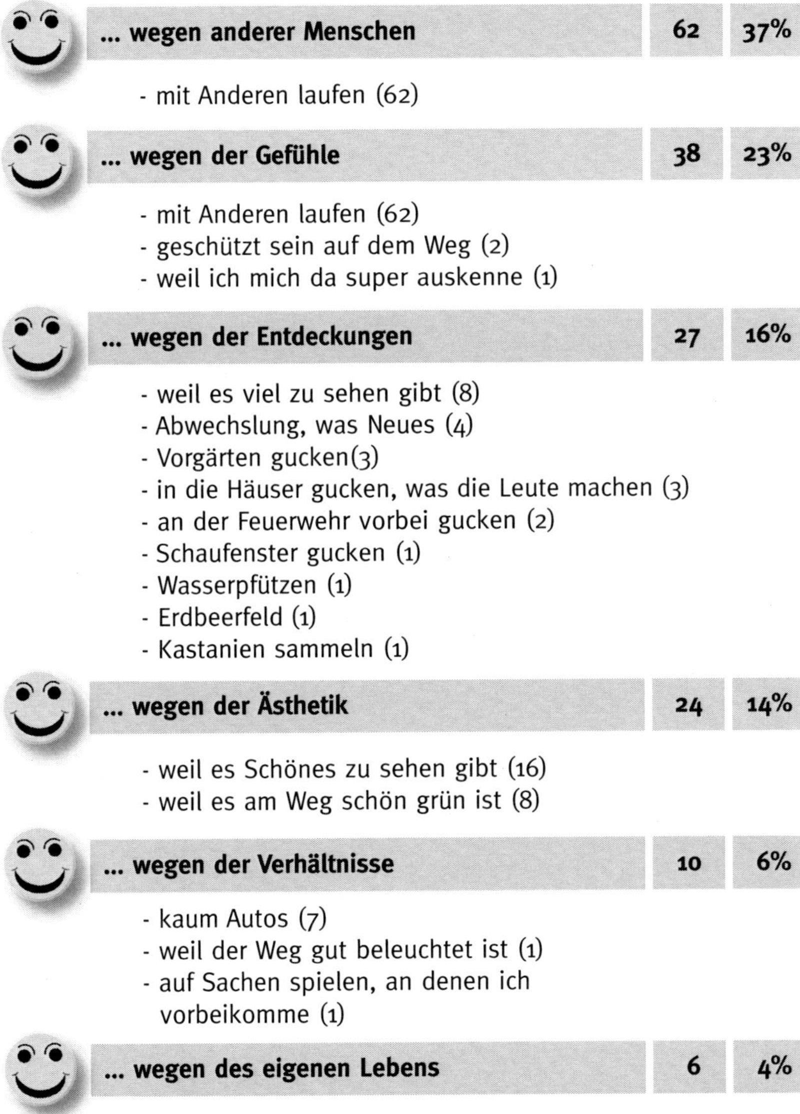

... wegen anderer Menschen	**62**	**37%**

- mit Anderen laufen (62)

... wegen der Gefühle	**38**	**23%**

- mit Anderen laufen (62)
- geschützt sein auf dem Weg (2)
- weil ich mich da super auskenne (1)

... wegen der Entdeckungen	**27**	**16%**

- weil es viel zu sehen gibt (8)
- Abwechslung, was Neues (4)
- Vorgärten gucken(3)
- in die Häuser gucken, was die Leute machen (3)
- an der Feuerwehr vorbei gucken (2)
- Schaufenster gucken (1)
- Wasserpfützen (1)
- Erdbeerfeld (1)
- Kastanien sammeln (1)

... wegen der Ästhetik	**24**	**14%**

- weil es Schönes zu sehen gibt (16)
- weil es am Weg schön grün ist (8)

... wegen der Verhältnisse	**10**	**6%**

- kaum Autos (7)
- weil der Weg gut beleuchtet ist (1)
- auf Sachen spielen, an denen ich vorbeikomme (1)

... wegen des eigenen Lebens	**6**	**4%**

- weil Bewegung gesund ist (5)
- weil man wach bleibt (1)

Ereignisse, Zustand der Wege und Beeinträchtigung durch den Straßenverkehr führen vor allem zu **negativen Bewertungen:**

... wegen Vorkommnissen	25	33%

- Hundehaufen (8)
- Freilaufende Hunde(6)
- Baustellen (Straßenseitenwechsel, Umweg) (5)
- Mülltonnen, Müllsäcke im Weg (2)
- Belästigung (1)
- Zugeparkt (1)
- Vertiefung zwischen den Steinen (Cityroller) (1)

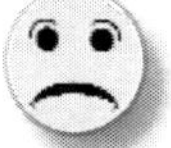

... wegen der Wege	24	32%

- grau und langweilig (5)
- dunkel (fehlende Lampen) (5)
- zu weit (4)
- Angst (3)
- Merkwürdig, unheimlich (2)
- Laut und Langweilig (1)
- Weil nie etwas passiert (1)
- fehlende Orientierung: Bin ich auf dem richtigen Weg (1)
- Schmal (1)
- Belästigung (1)
- weil man nur Straße sieht (1)

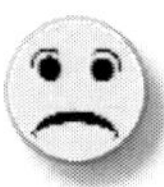

... wegen Straßenverkehr	15	20%

- viele Autos (besonders LKW) (7)
- Dicht vorbeifahrende Autos (3)
- Halten nicht an Zebrastreifen (2)
- Ampeln werden gleich rot (2)
- Straßenübergang (Ahornweg/Lindenstraße) (1)

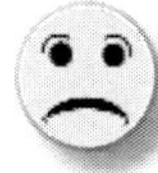

... wegen anderer Menschen	10	13%

- langweilig, weil ich alleine gehen muss (10)

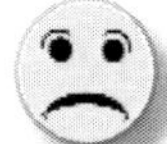

... außerdem	2	2%

- weil ich nicht alleine gehen darf (1)
- Schwerer Schulranzen (1)

Positiv- und Negativvoten in Nord und Süd

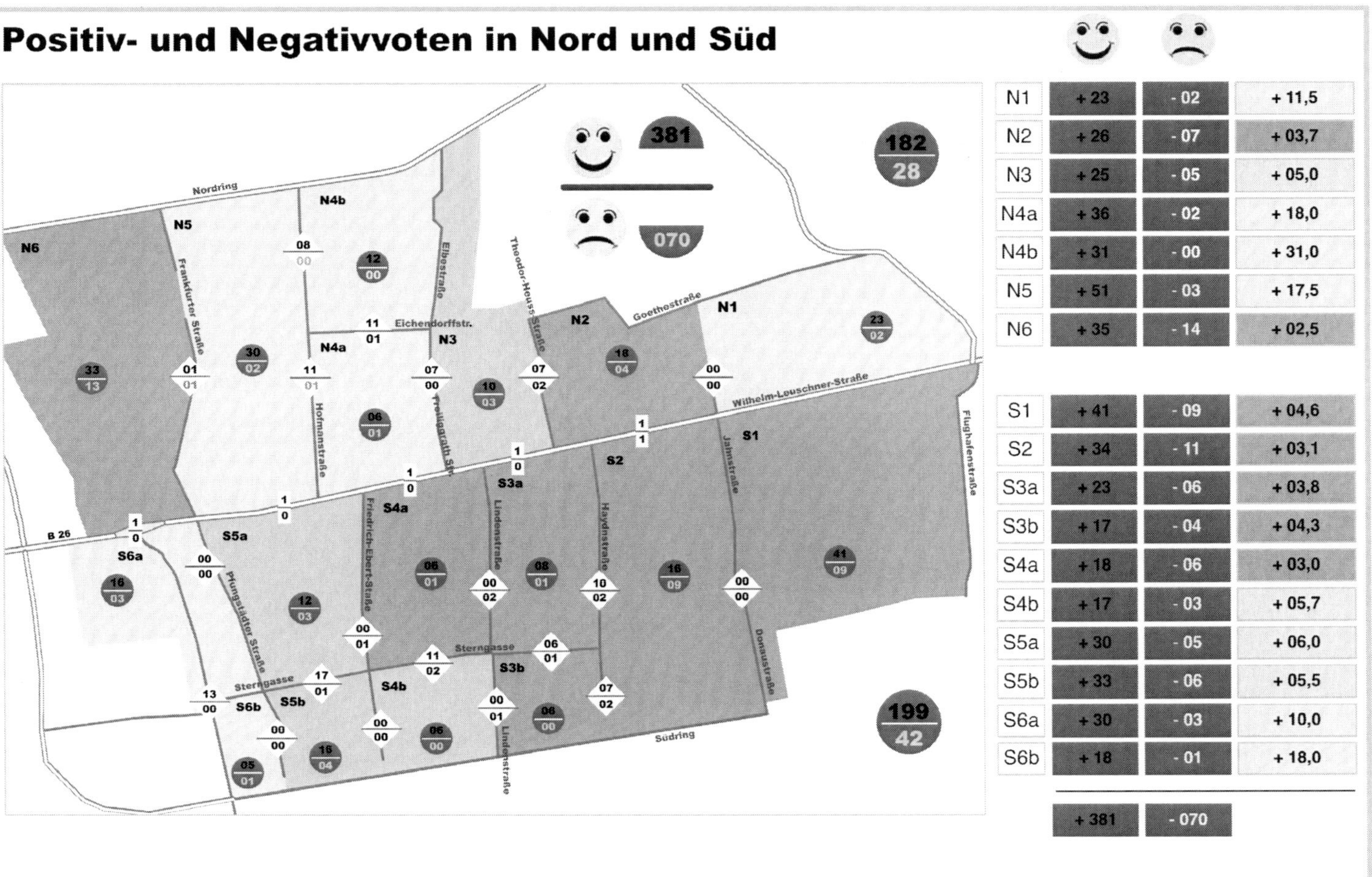

	☺	☹	
N1	+ 23	- 02	+ 11,5
N2	+ 26	- 07	+ 03,7
N3	+ 25	- 05	+ 05,0
N4a	+ 36	- 02	+ 18,0
N4b	+ 31	- 00	+ 31,0
N5	+ 51	- 03	+ 17,5
N6	+ 35	- 14	+ 02,5
S1	+ 41	- 09	+ 04,6
S2	+ 34	- 11	+ 03,1
S3a	+ 23	- 06	+ 03,8
S3b	+ 17	- 04	+ 04,3
S4a	+ 18	- 06	+ 03,0
S4b	+ 17	- 03	+ 05,7
S5a	+ 30	- 05	+ 06,0
S5b	+ 33	- 06	+ 05,5
S6a	+ 30	- 03	+ 10,0
S6b	+ 18	- 01	+ 18,0
	+ 381	- 070	

Im Gesamtergebnis stellt sich die Stadt als ein differenziertes Gebilde dar, aber die Bilanz zeigt immer ein positives Bild.

Projekt: Bespielbare Stadt Griesheim 2008

In welcher Straße wohnst Du?

___

Wohin gehst Du zu Fuß? Bitte benenne die Straßen.
Du kannst ruhig mehrere Kästchen ankreuzen.

- ☐ Schule
- ☐ Freunde

___
___
___

- ☐ Spielplatz

___
___
___

Kirche

- ☐ katholisch
- ☐ evangelisch
- ☐ sonstige

- ☐ Turnhalle

___
___

- ☐ Hallen-/Freibad

Sportplatz

- ☐ TUS
- ☐ Victoria
- ☐ St. Stephan

- ☐ Sonstige Wege

___
___
___

Wie findest Du die Wege, die Du zu Fuß gehst? (bitte nur ein Smiley ankreuzen)

☐ meistens spannend	☐ meistens langweilig	☐ meistens unangenehm

Warum hast Du gerade dieses Smiley angekreuzt?

___
___
___

Danke für Deine Antworten.

Fragenbogen

4.4 Spielplätze und ihre Einzugsgebiete

Die Untersuchung zeigt, dass Spielplätze im Zusammenhang mit den Wohngebieten zu sehen sind. Dort gibt es unterschiedliche Passungen.

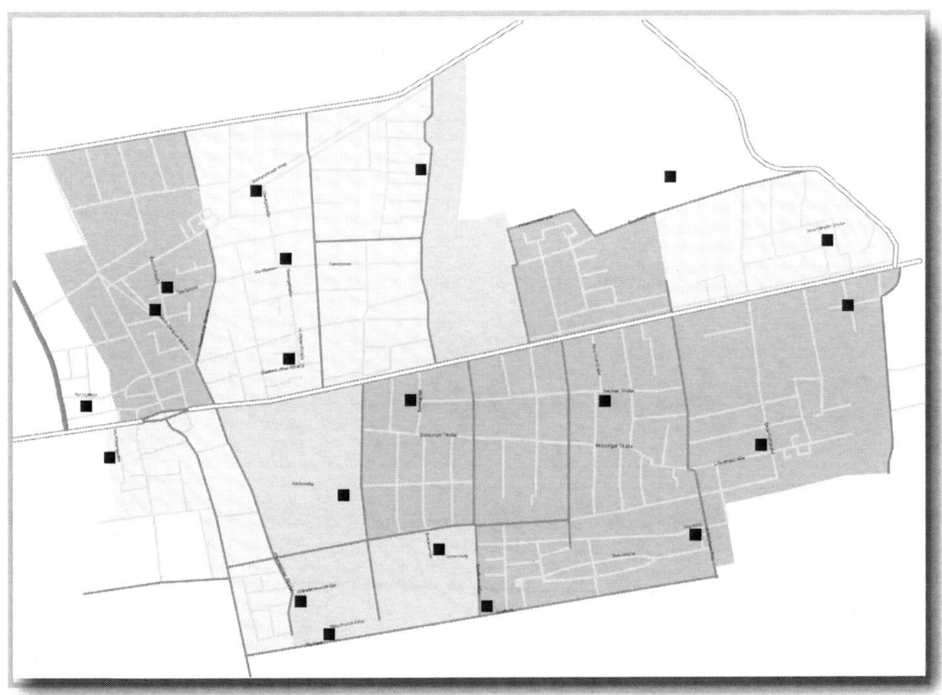

Aufgrund dessen haben Spielplätze in unterschiedlicher Weise ihr Einzugsgebiet. Es gibt Plätze mit großem Einzugsgebiet, solche mit einem geringen und solche, die inzwischen Bezugsort für ein danebenliegendes Gebiet sind. Beispiele:

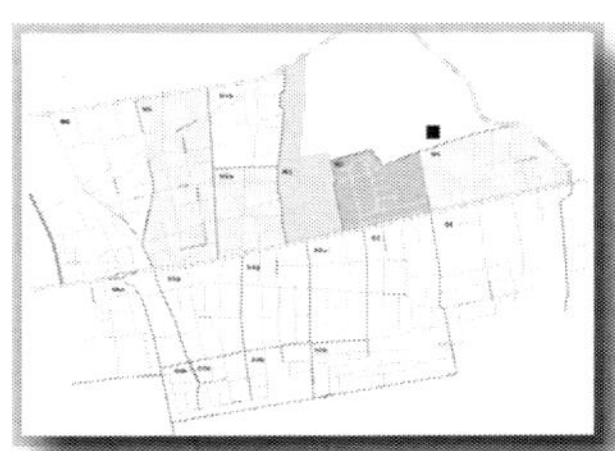

Waldspielplatz mit großen Einzugsgebiet

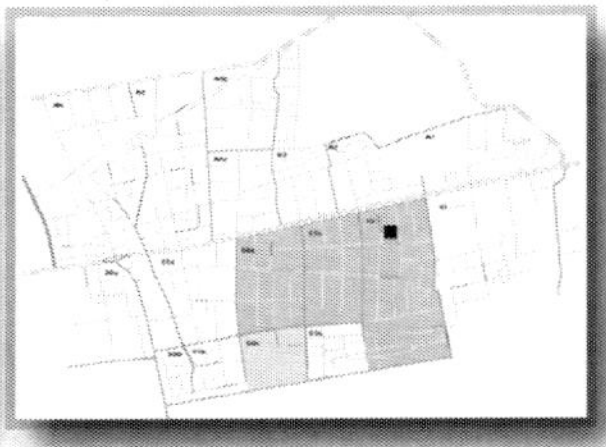

Brucknerspielplatz im Einzugsgebiet

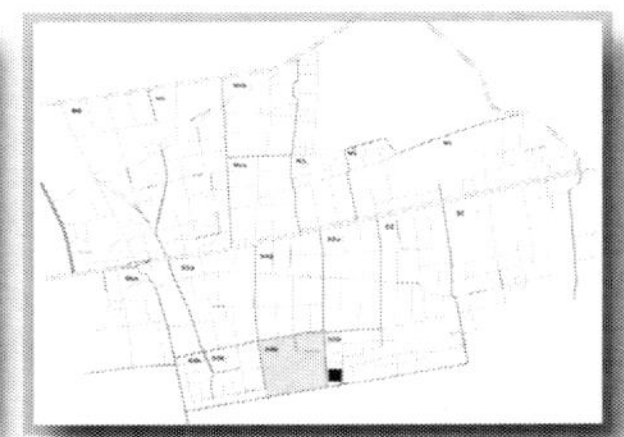

Blauer Spielplatz neben dem Einzugsgebiet

4.5 Kinderwege

Eine Zusammenführung aller Informationen, die durch die Kartierung und die Befragung gewonnen wurde, zeigt ein Kinderwegenetz, welches dann Ausgangspunkt für weitere Untersuchungen sein wird.

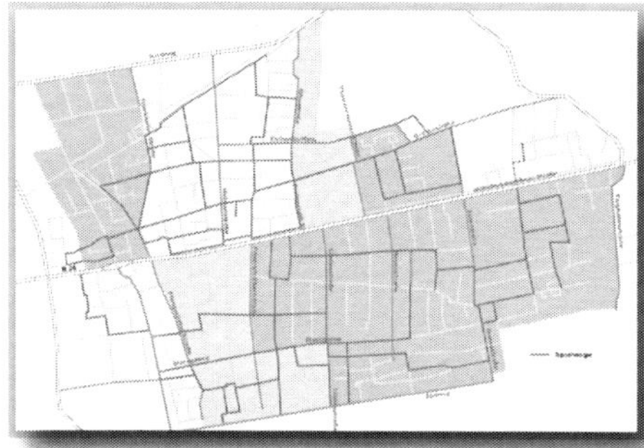

Es gibt Wege, die durch andere Kinderorte entstehen.

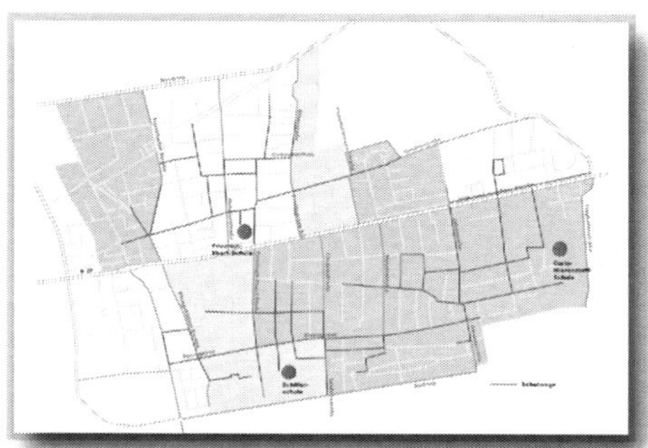

Es gibt Wege, die durch die Schule ausgelöst werden.

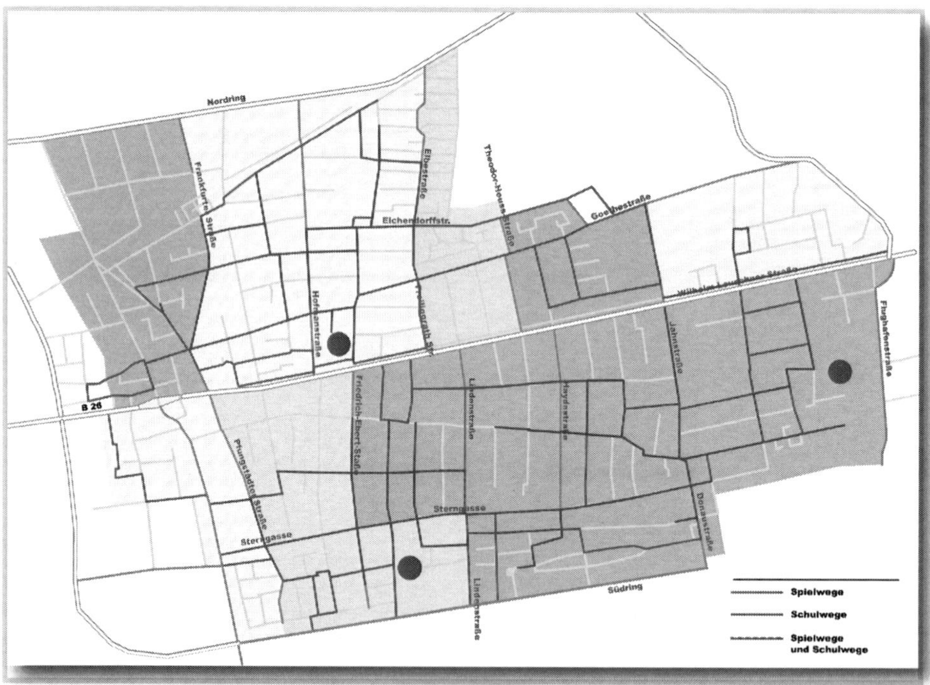

Und schließlich gibt es Wege, die eine doppelte Bedeutung haben. Der Spielwegeplan zeigt die Wege, die für vier und mehr Kinder relevant sind.

4.6 Ressourcen im öffentlichen Raum

Nachdem die Kinderwege identifiziert wurden, erfolgte eine Sichtung hinsichtlich vorhandener Flächen, die genutzt werden können. Es wurden 106 Möglichkeiten entdeckt. Nach einer Prüfung durch Liegenschaftsamt und Ordnungsamt blieben 100 Flächen, die für Objekte im Straßenraum genutzt werden können. Zehn Flächen waren bereits mit Objekten ausgestattet. Die freien Flächen, die vorgefunden wurden, ergeben unterschiedliche Konstellationen.

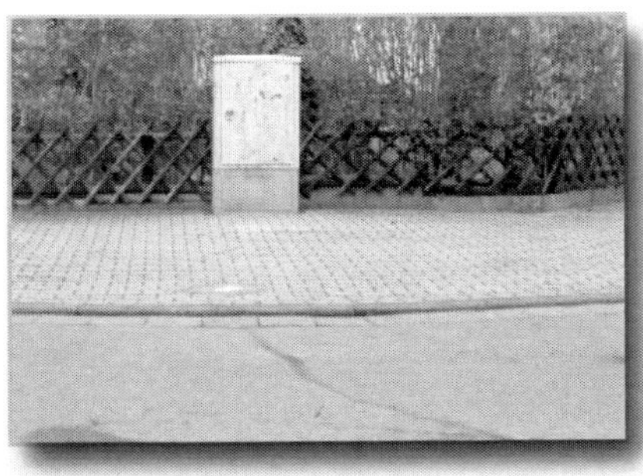

Die Straßenecke, die durch Grundstücksabschrägungen Platz frei gibt.

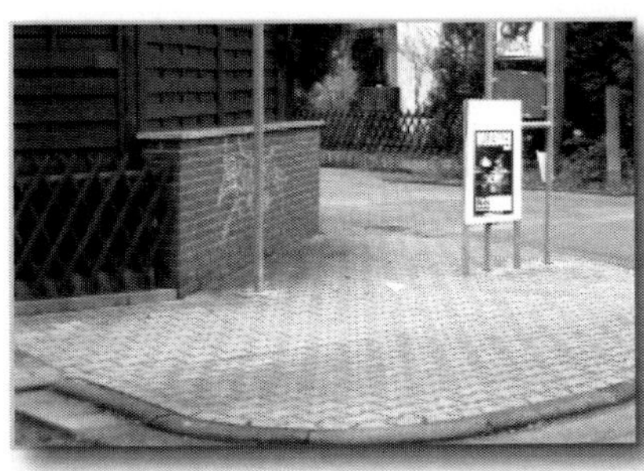

Die Straßenecke, die durch sich anschließende Parkbuchten eine größere Ausformung aufweisen.

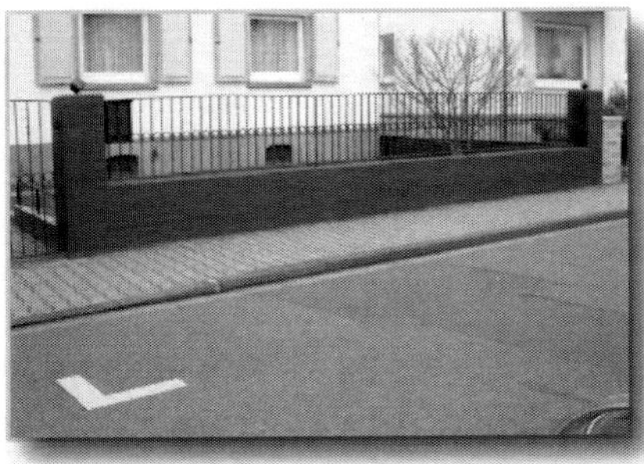

Der Gehweg, der ausreichend breit ist und zwischen Einfahrten liegt

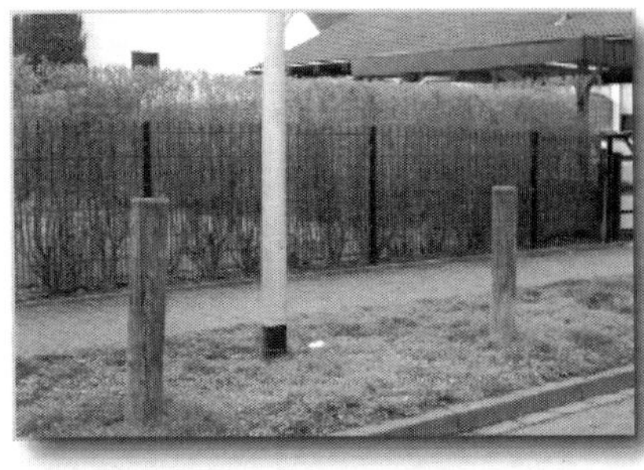

Die Grünfläche
zwischen Weg und Straße

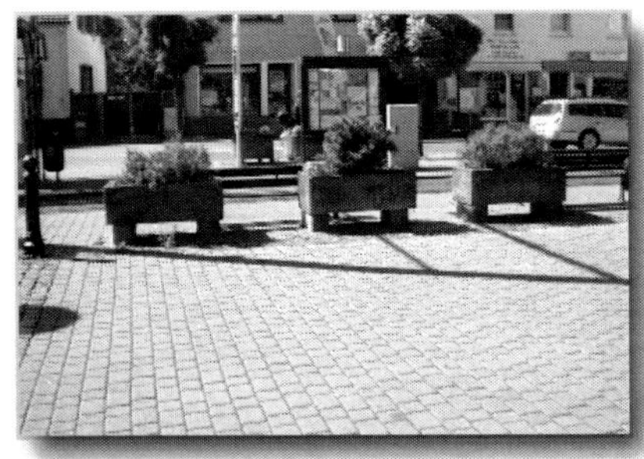

Stadtplätze

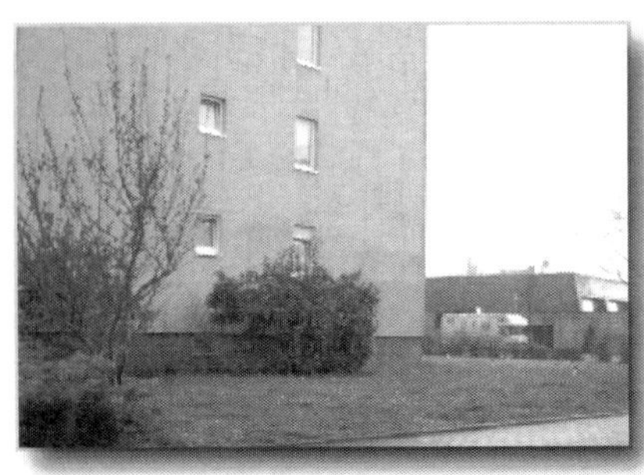

Gehwege mit sich anschließenden
Grünflächen auf Privatgrundstücken

5. Die bespielbare Stadt

5.1 Spielobjekte

Aus der Vielzahl der Möglichkeiten (siehe Kapitel 2 und Anhang) erfolgt durch die örtliche Gegebenheiten eine Auswahl, die möglichst auch vielfältig sein soll.

Vorher

Nachher

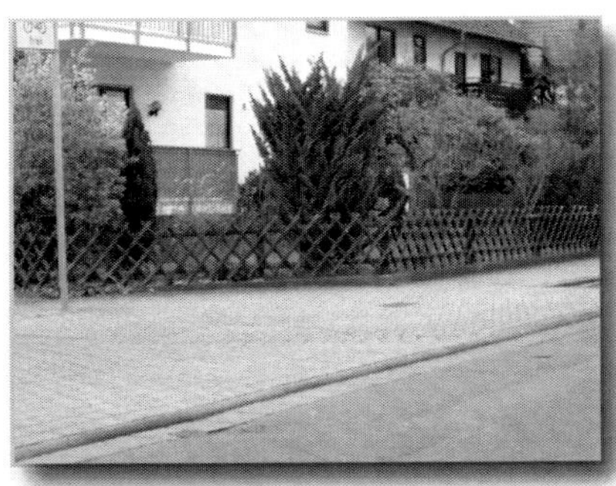

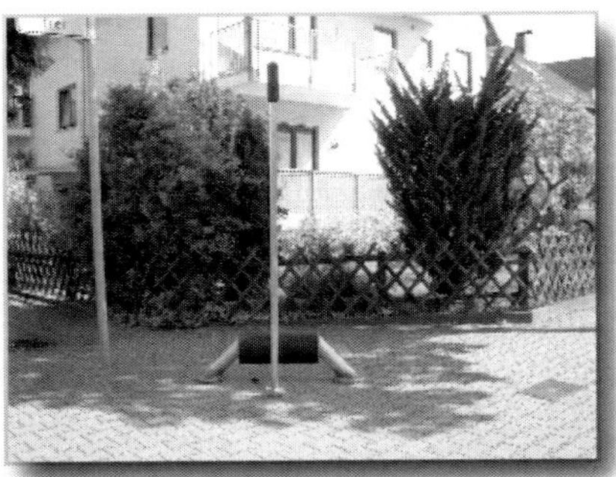

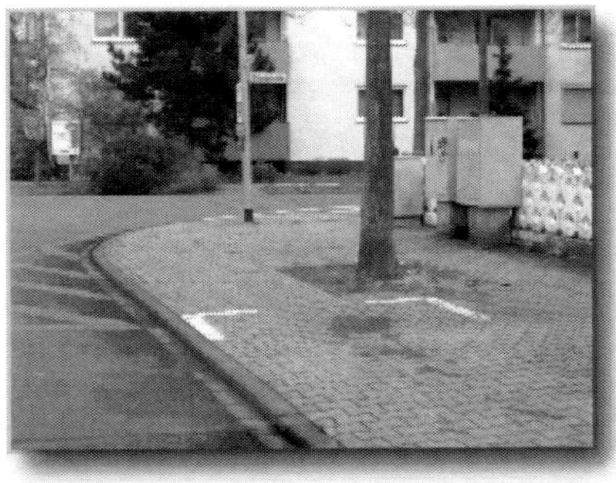

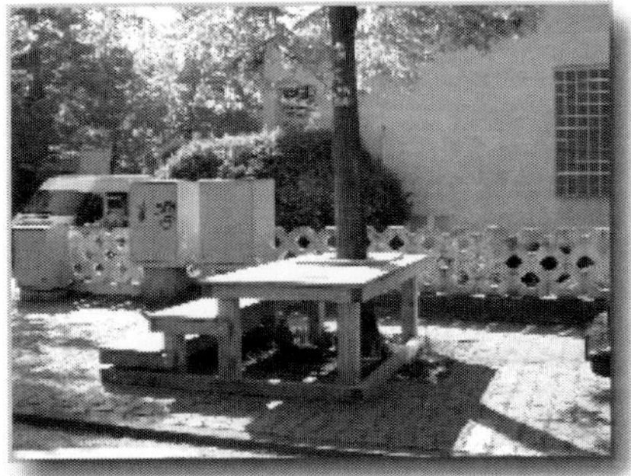

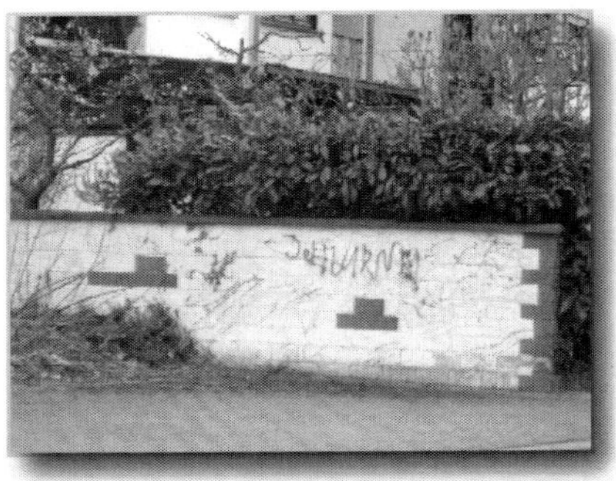

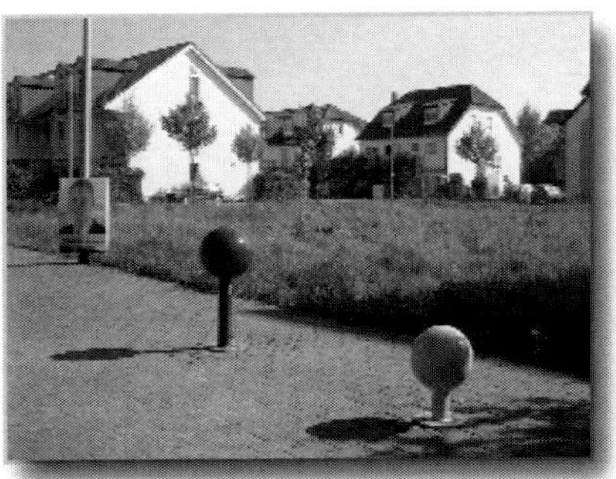

Vorher

Nachher

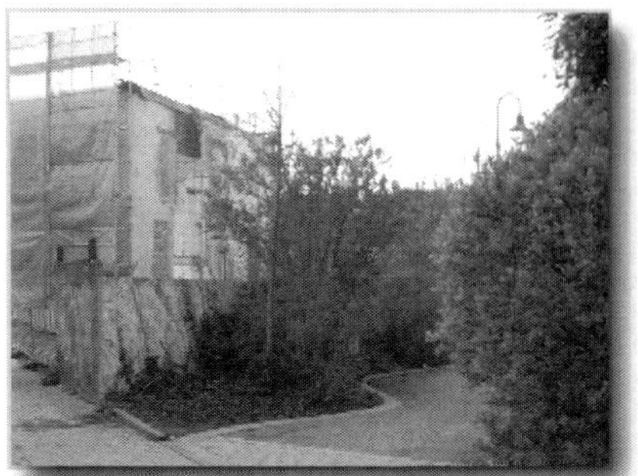

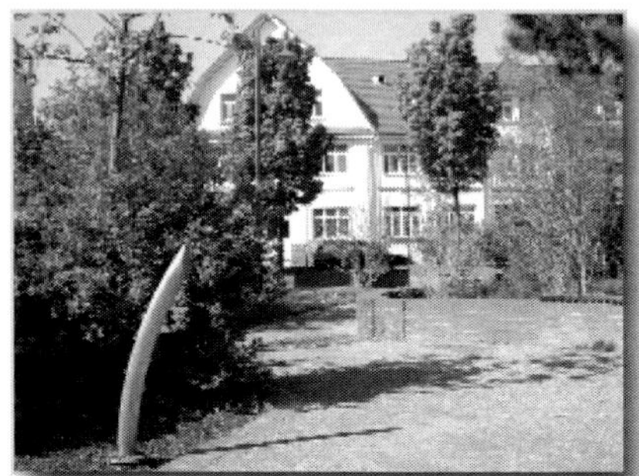

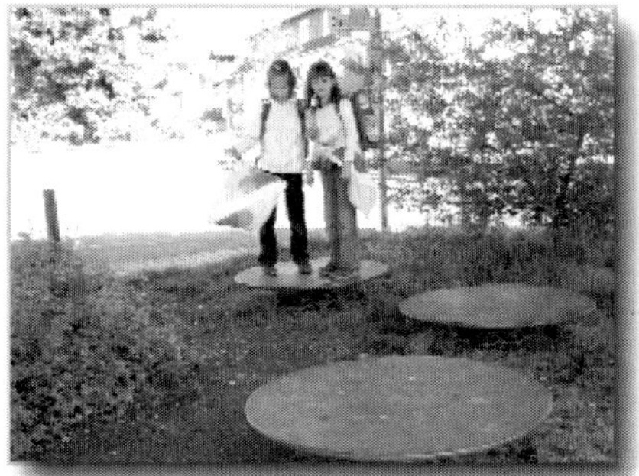

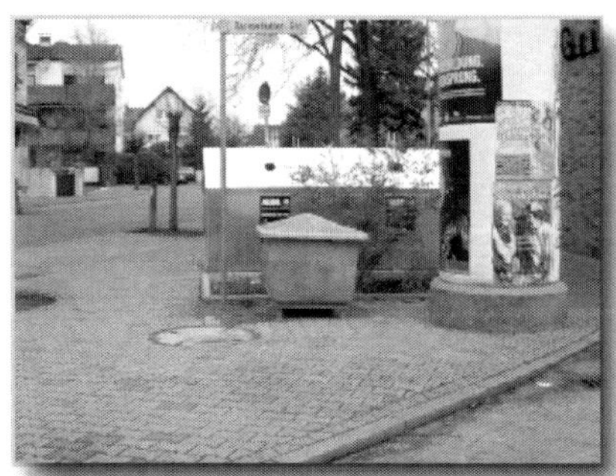

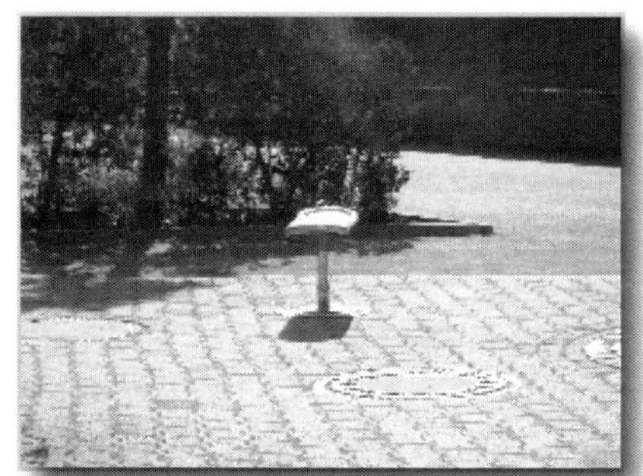

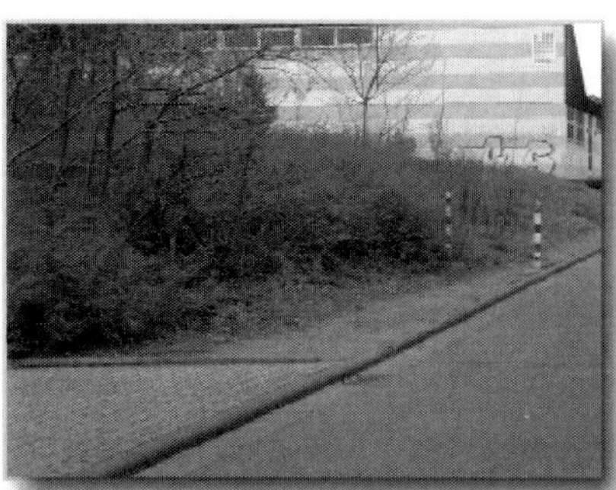

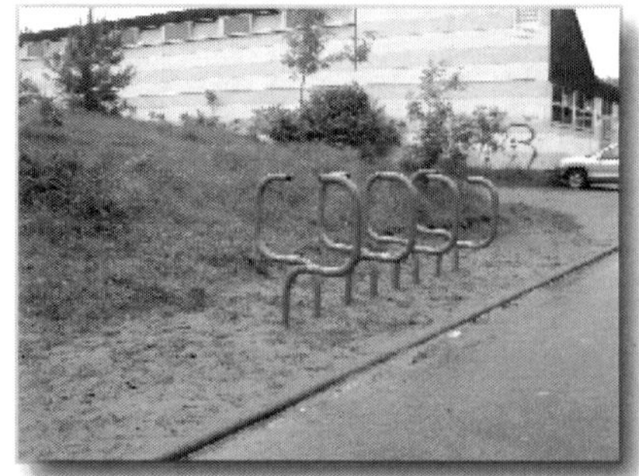

Spielobjekte, die in der bespielbaren Stadt Griesheim zu finden sind:

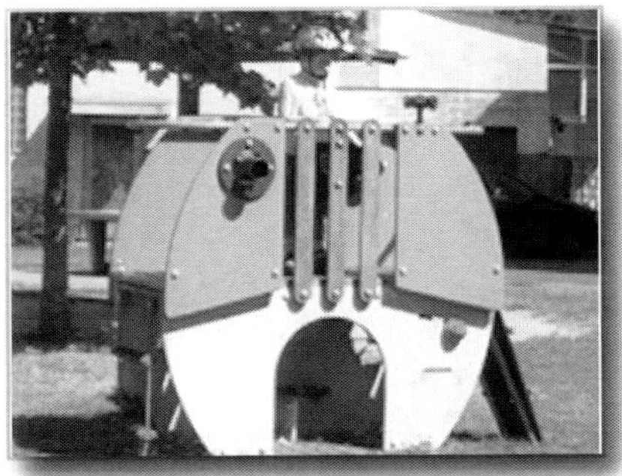

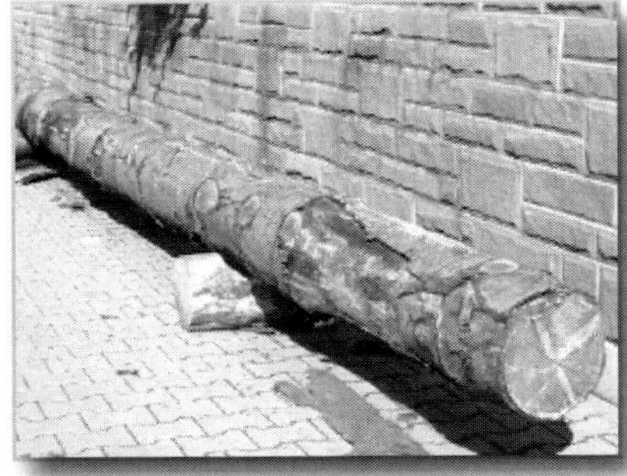

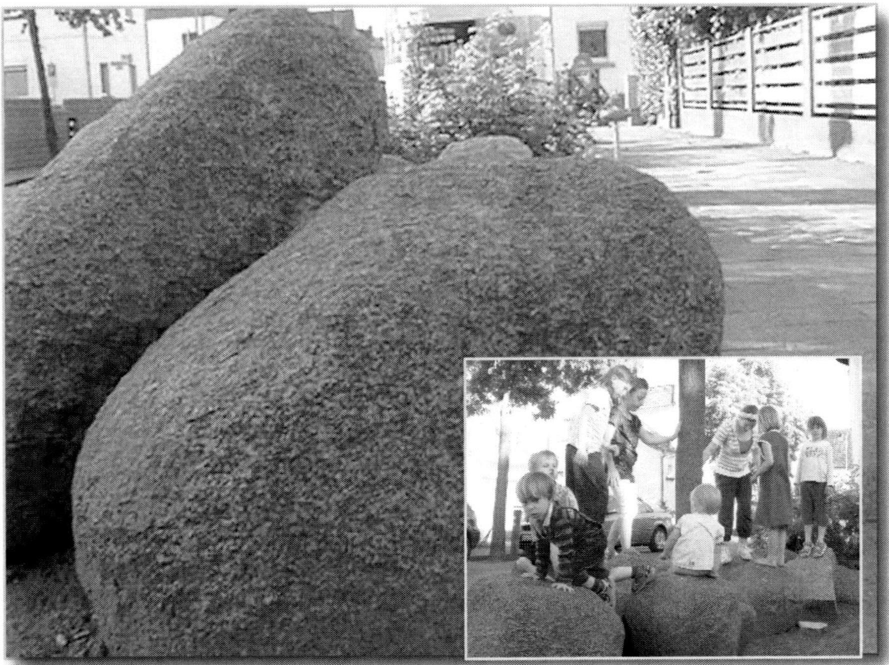

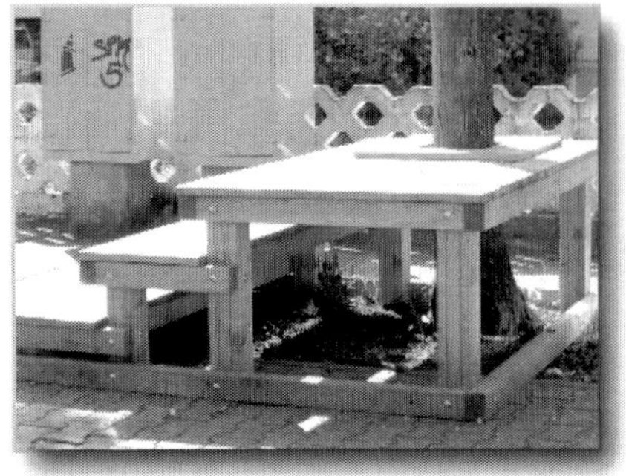

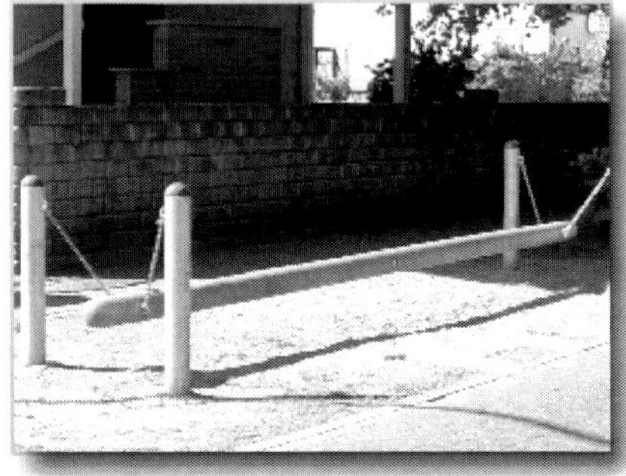

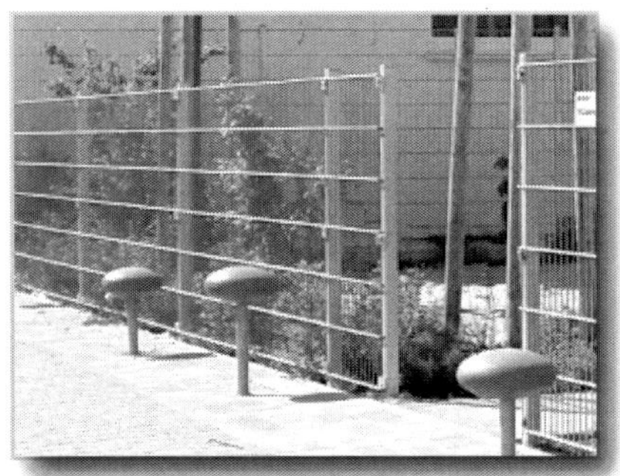

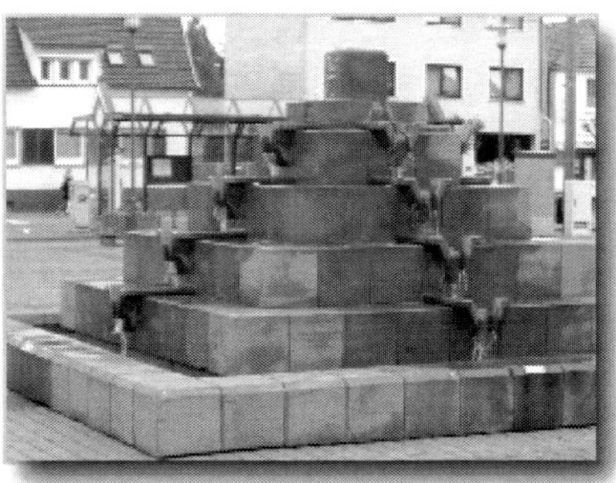

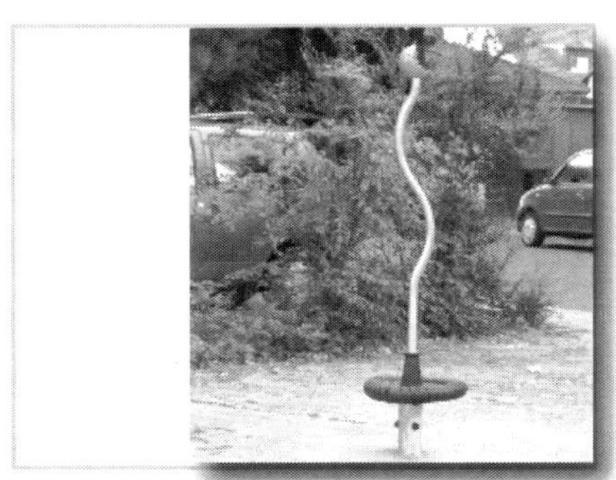

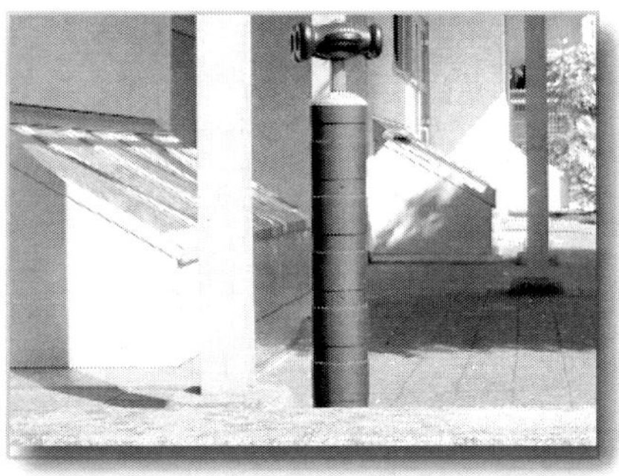

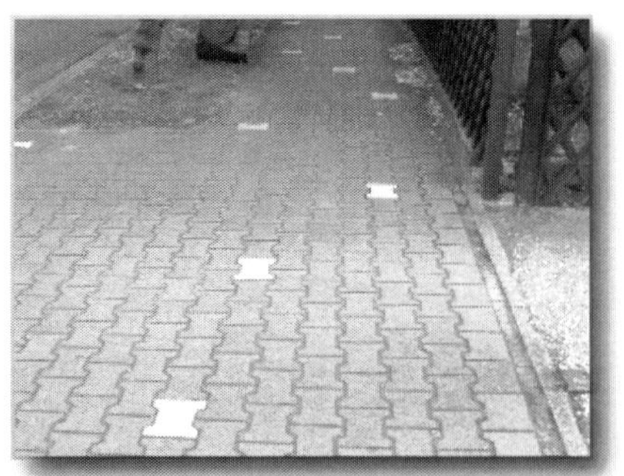

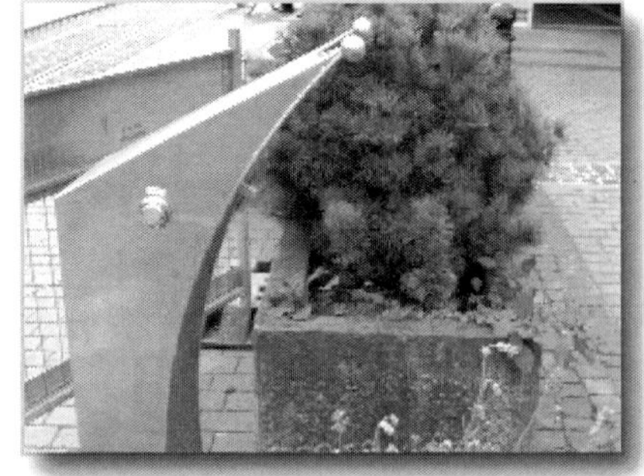

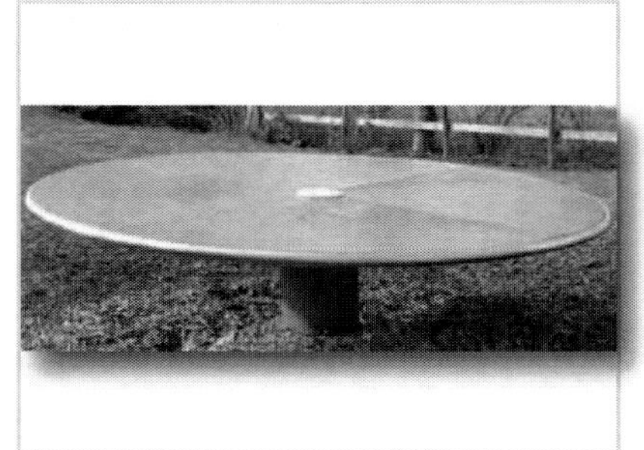

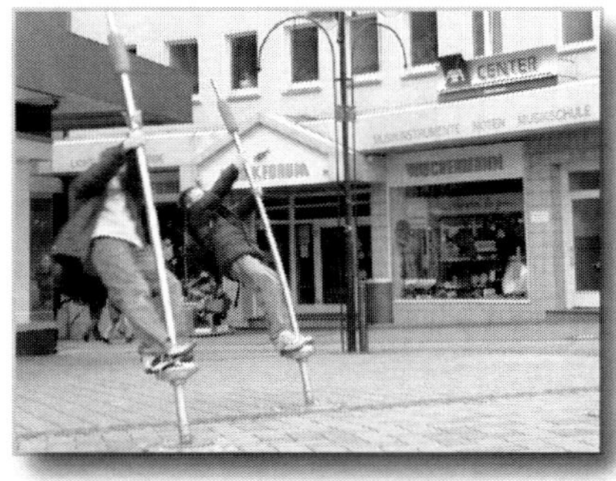
CENTER

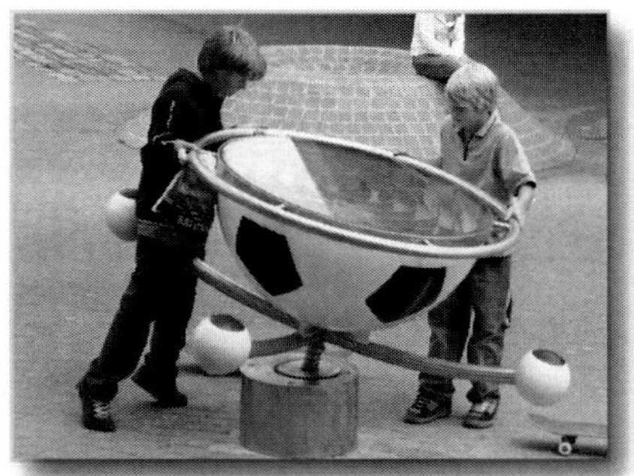

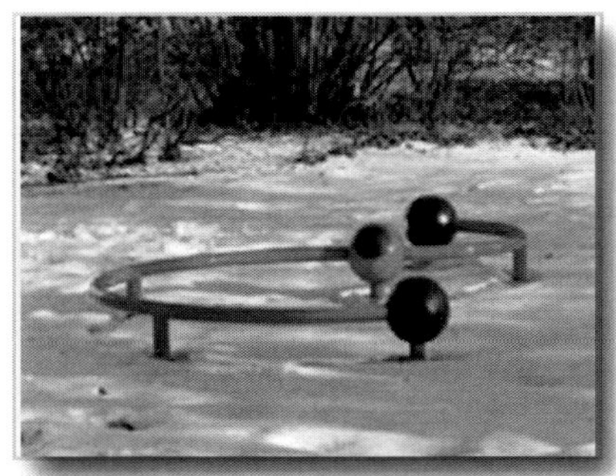

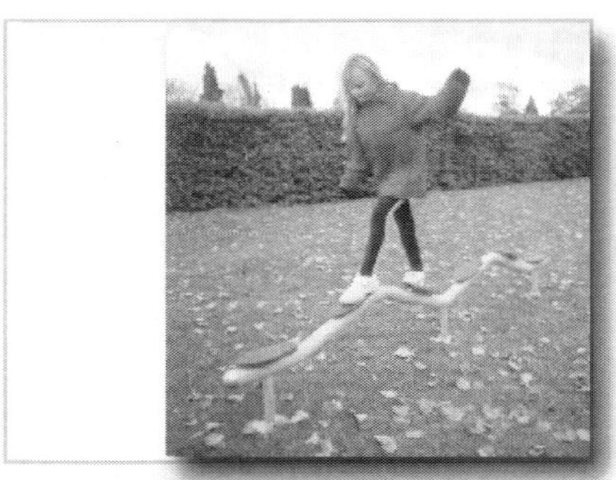

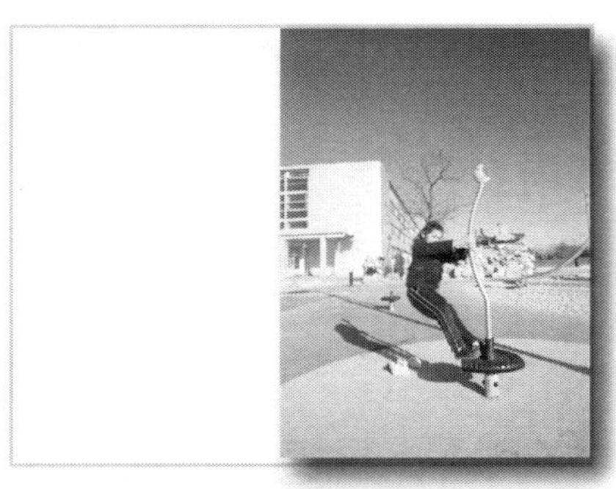

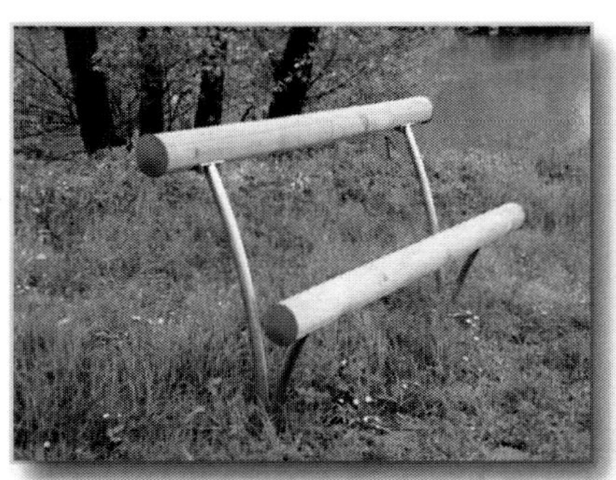

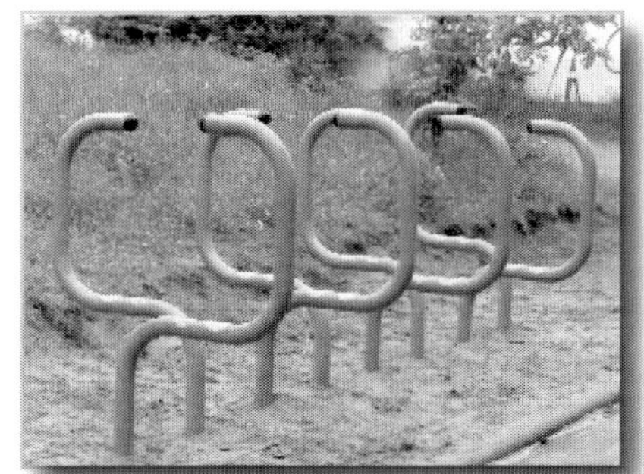

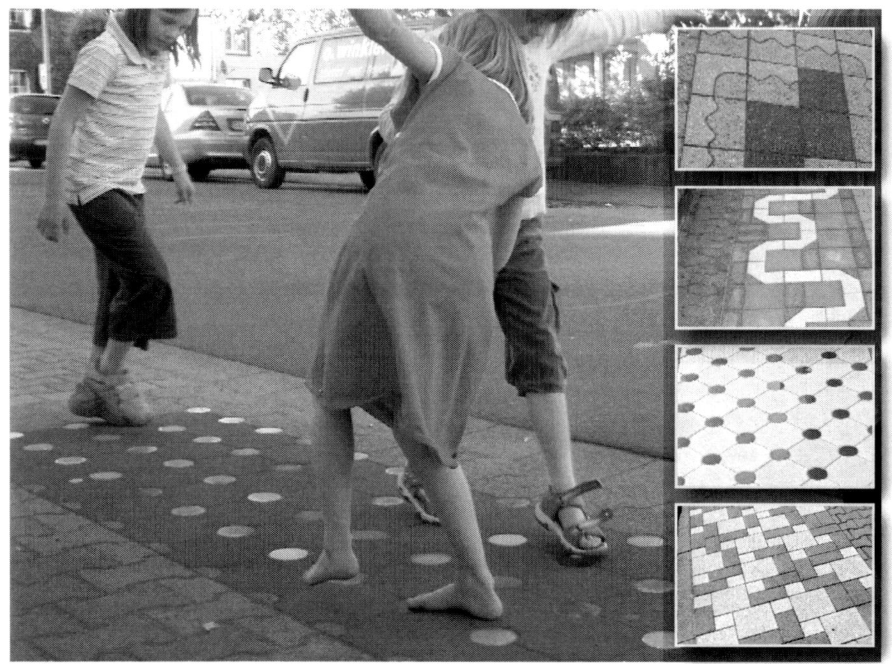

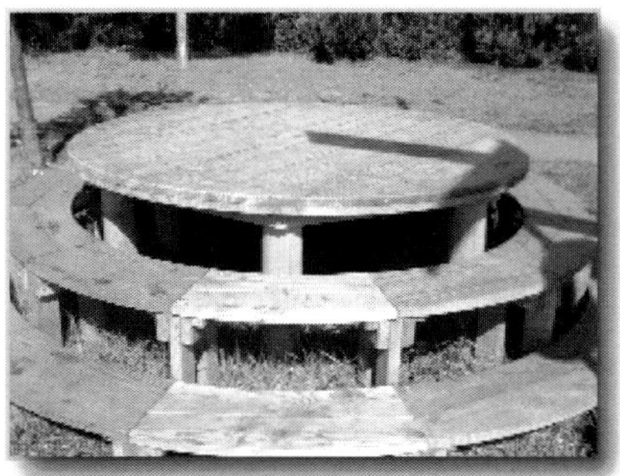

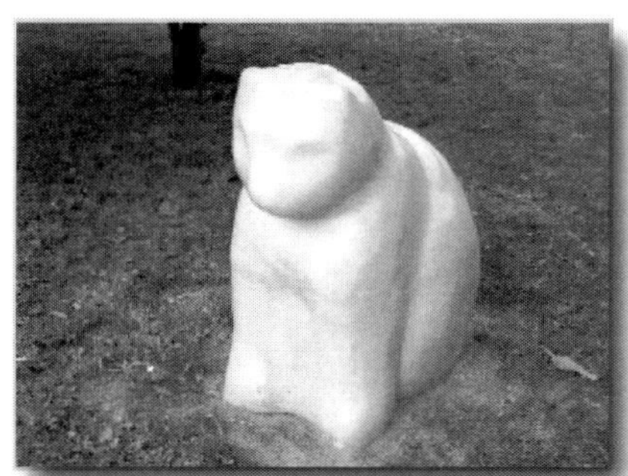

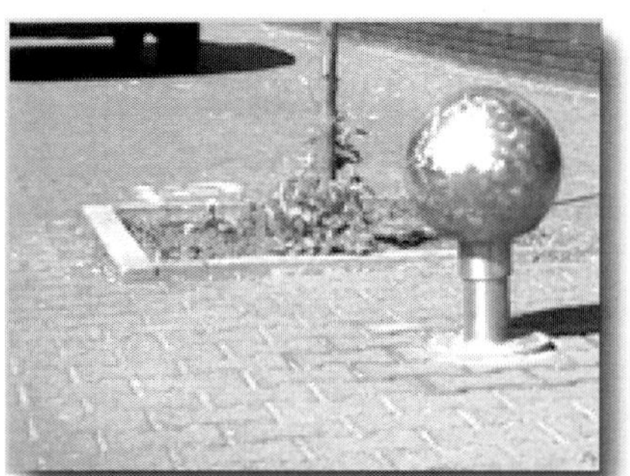

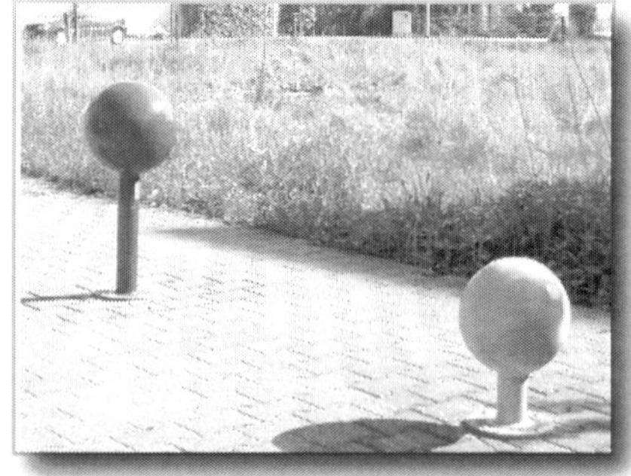

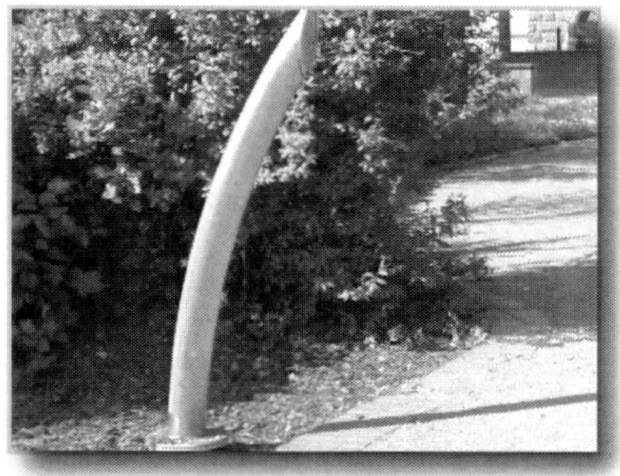

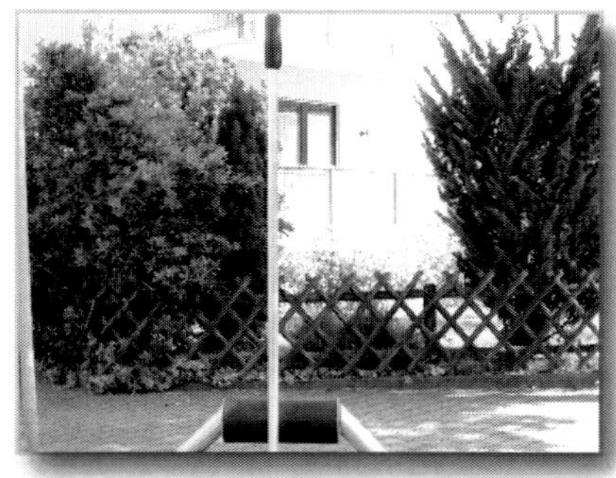

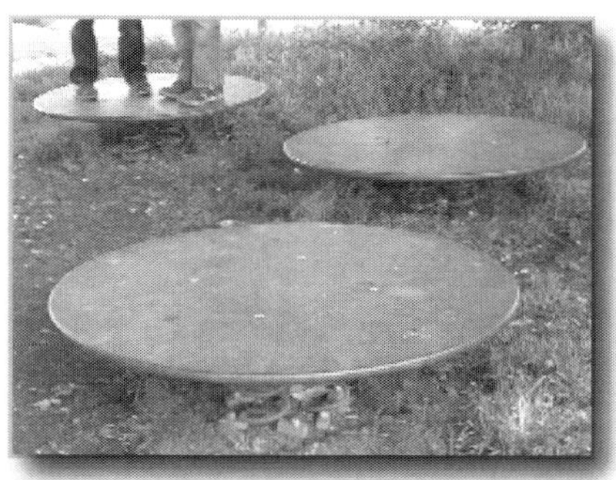

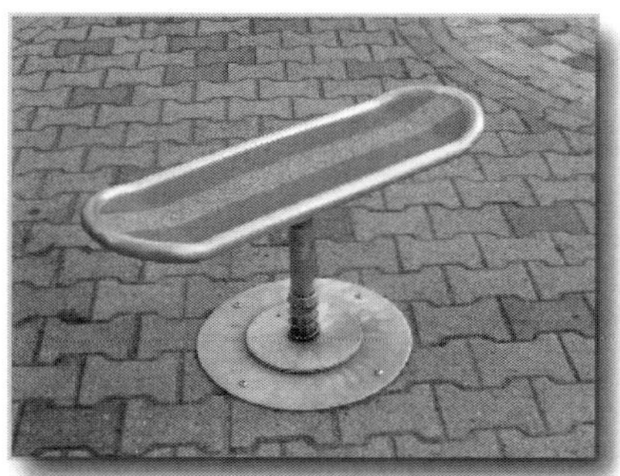

5.2 Das Ergebnis

Insgesamt zeigt sich das Bild einer Stadt, die neben Schulen, Kindergärten, Spielplätzen und Sportstätten an 100 Stellen Spielob--jekte anbietet, die an den Kinderwegen liegen. So sind alle Kinderorte miteinander vernetzt.

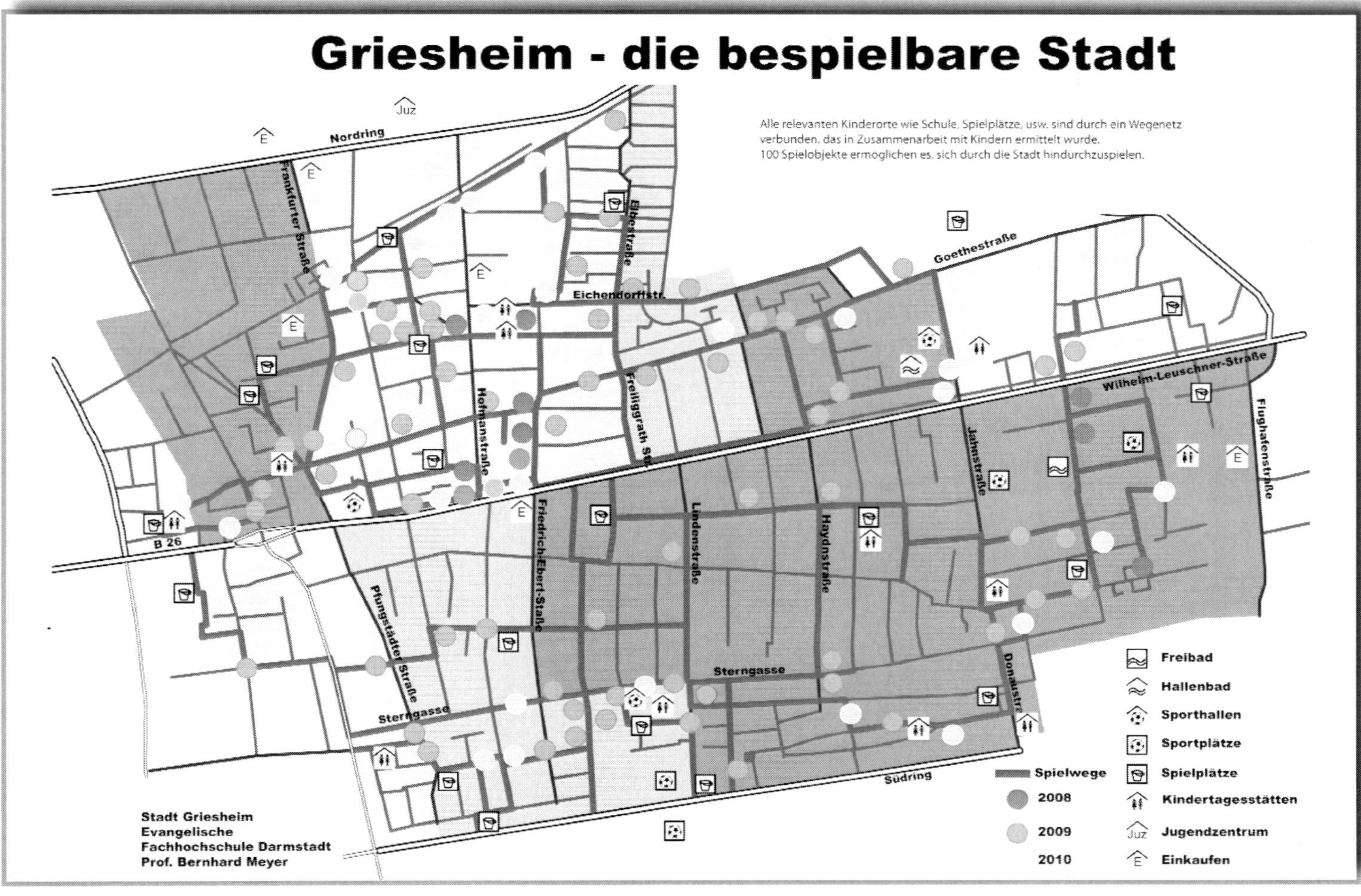
Griesheim - die bespielbare Stadt
Alle relevanten Kinderorte wie Schule, Spielplätze, usw. sind durch ein Wegenetz verbunden, das in Zusammenarbeit mit Kindern ermittelt wurde.
100 Spielobjekte ermoglichen es, sich durch die Stadt hindurchzuspielen.
Nordring
Frankfurter Straße
Elbestraße
Eichendorffstr.
Goethestraße
Wilhelm-Leuschner-Straße
Flughafenstraße
Hofmannstraße
Freiliggrath Str.
Jahnstraße
B 26
Friedrich-Ebert-Straße
Lindenstraße
Haydnstraße
Pfungstädter Straße
Sterngasse
Sterngasse
Donaustr.
Südring
Freibad
Hallenbad
Sporthallen
Sportplätze
Spielplätze
Kindertagesstätten
Jugendzentrum
Einkaufen
Spielwege
2008
2009
2010
Stadt Griesheim
Evangelische
Fachhochschule Darmstadt
Prof. Bernhard Meyer

5.3 Evaluation

Da die 100 Spielobjekte im Straßenraum nicht im Einzelnen bewertet werden können, wurden schulbezirksspezifische Fragebögen erstellt. Zunächst ging es darum, welche Objekte wahrgenommen wurden. Dies ist zwar auch abhängig von den eigenen Wegen, aber auch davon, welche Beachtung ihnen geschenkt wird.

Insgesamt haben 850 Kinder einen Fragebogen ausgefüllt. Die Wahrnehmungsquote der einzelnen Objekte lag minimal bei 25% und maximal bei 96%. Eine unterschiedliche Gewichtung bei Mädchen/Jungen war nicht erkennbar.

Im Schulbezirk der **Carlo-Mierendorff-Schule** waren die am meisten Beachteten:

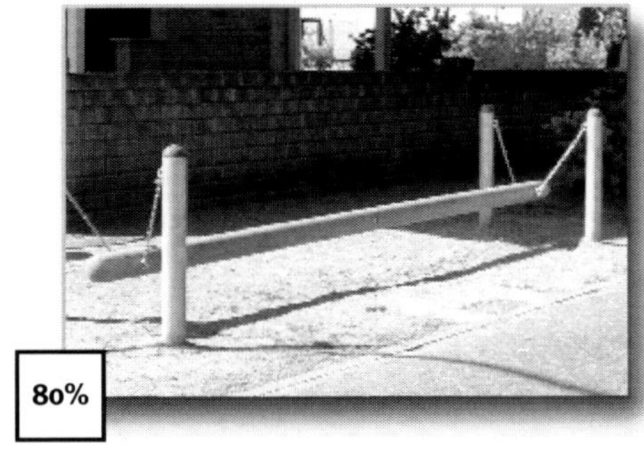

80%

Der **Wackelbalken** stellt eine Herausforderung dar. Er steht schulnah und wird von vielen frequentiert. Dieses Unikat steht sonst nirgends im Stadtgebiet.

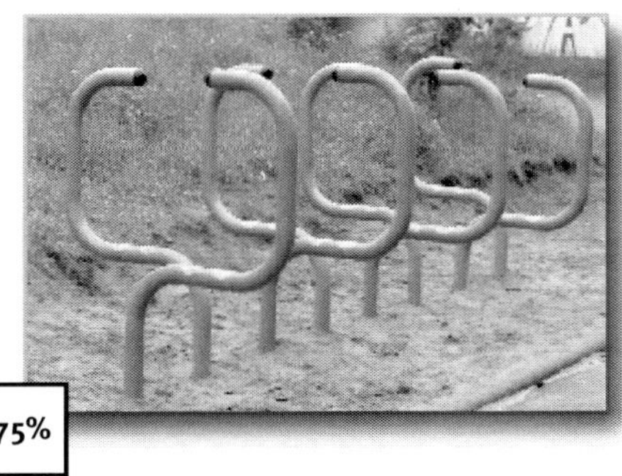

75%

Der **Jeti-Pfad** liegt auf dem Weg zu dem am meisten frequentierten Waldspielplatz. Es ist ein Unikat, das nur einmal im Stadtgebiet vorhanden ist.

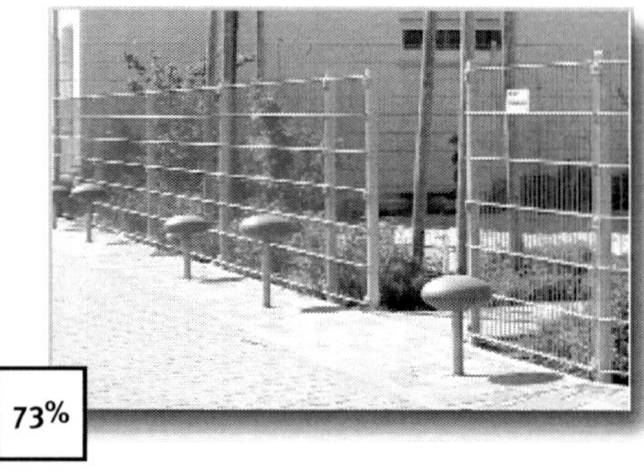

73%

Der **blaue Grashüpfer** taucht mehrfach im Stadtgebiet auf und entspricht der Vorwärtsbewegung am Schulweg.

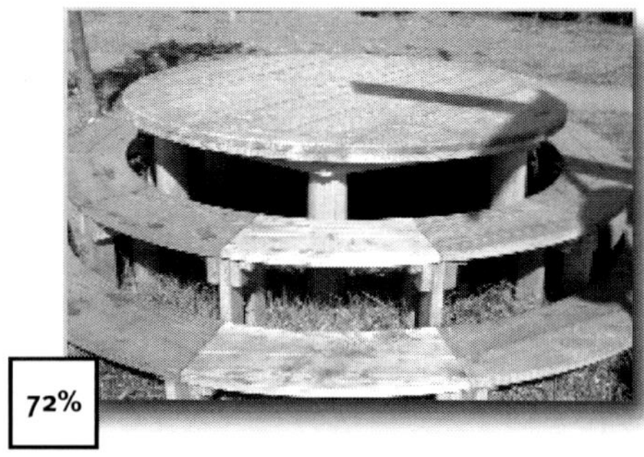

72%

Dieser **Aussichtspunkt** gibt an einer Bundesstraße mit Straßenbahnlinie Überblick. Gleichzeitig unterstützt er die Funktion eines Sammelpunktes.

Im Schulbezirk der **Schillerschule** waren die am meisten Beachteten:

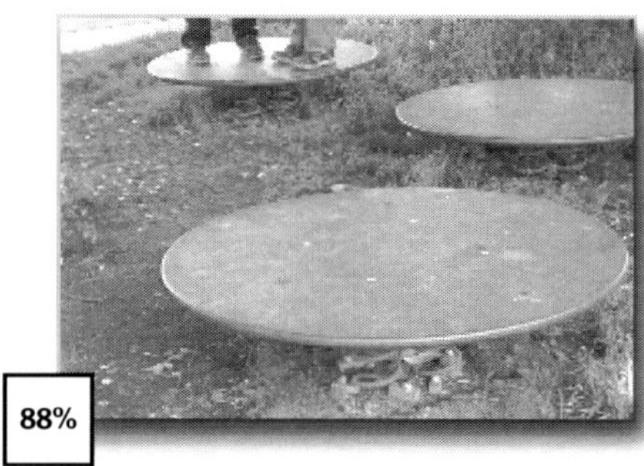

88%

Diese **drei Wackelscheiben** sind schulnah positioniert und finden auch außerhalb der Schulwege Beachtung

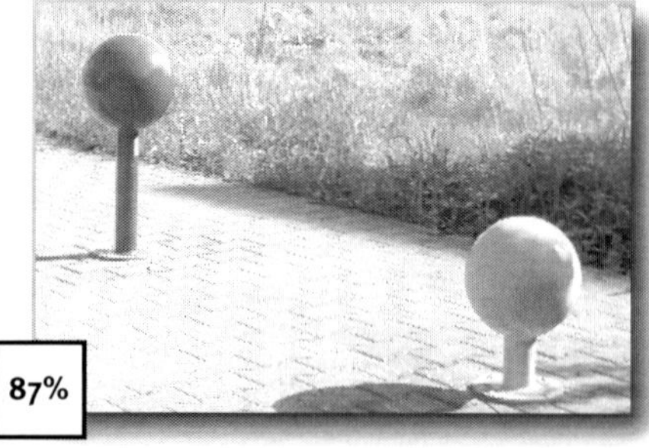

87%

Der **große** und der **kleine Standpunkt** tauchen vielfach im Stadtgebiet auf und sind auch schulnah positioniert.

Spitzenreiter im Schulbezirk der **Friedrich Ebert Schule** waren:

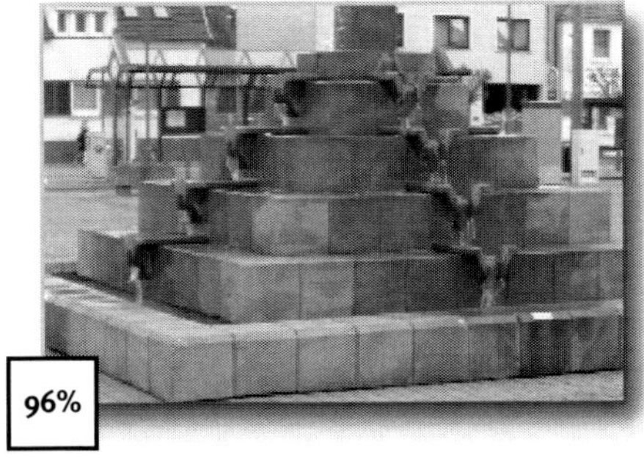

96%

96%: Der **Stufenbrunnen** am Marktplatz. Dieses Objekt ist schon sehr lange vorhanden und zentral gelegen..

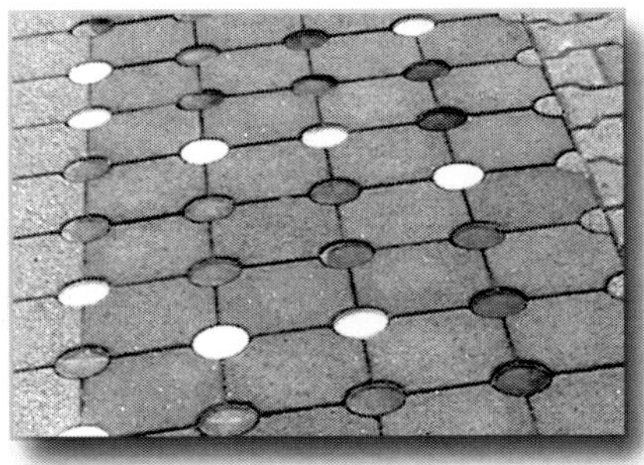

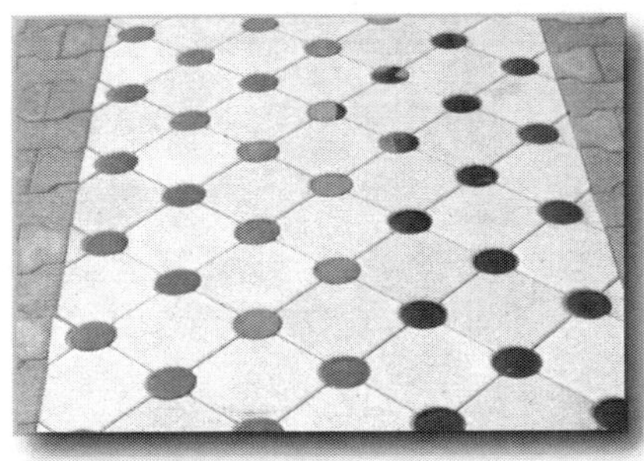

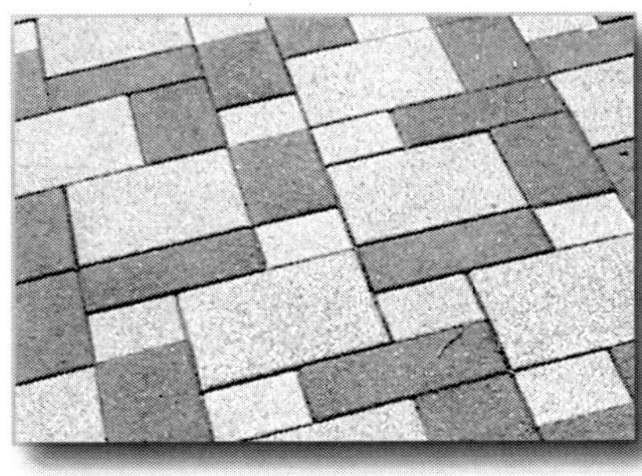

92-81%: Die Veränderung des **Gehwegbelages**, der an vielen Stellen vorgenommen wurde, findet hohe Beachtung und ist ein Wegbegleiter.

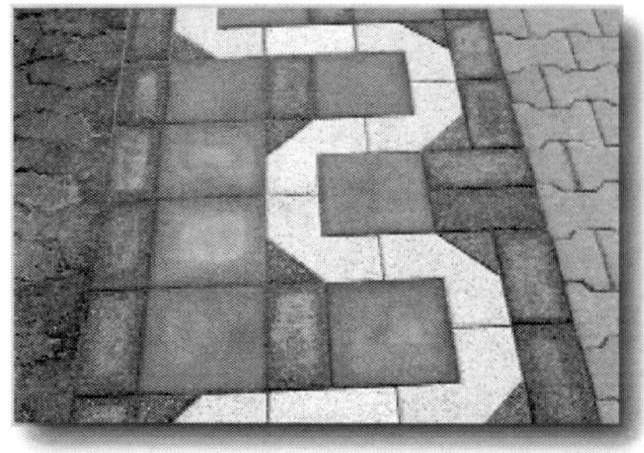

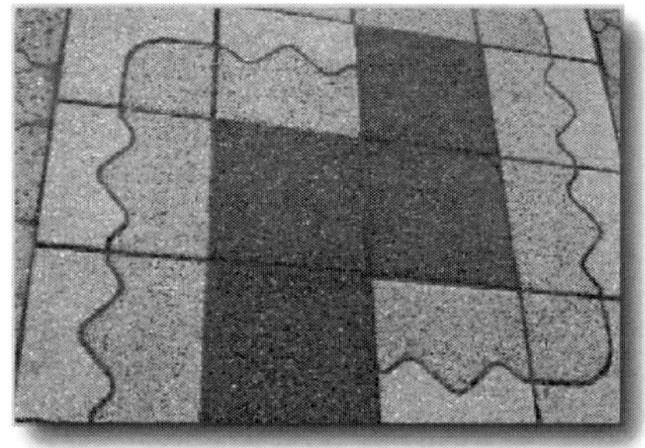

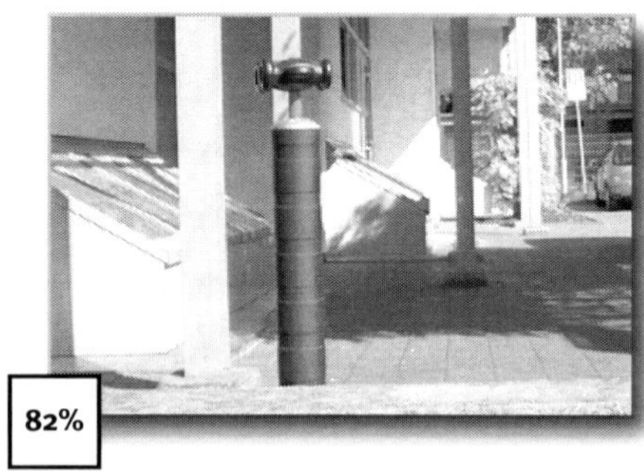

82%

82%: Übersicht mit dem **Fernrohr** - nicht nur in der Schulnähe.

In der Bewertung dieser neuen Möblierung liegt die Zustimmung bei 74,5 %. Eine ambivalente Zwischenposition nahmen 20,0 % ein. Kritisch äußerten sich 4,3 %. 1,2 % hatten keine Meinung.

In welche Klassenstufe gehst Du?

1	2	3	4

Bist Du Mädchen oder Junge?

Mädchen	Junge

Hast Du die Spielstationen schon gesehen? (Bitte die Bilder ankreuzen)

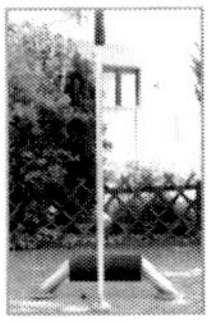

☐ ☐ ☐

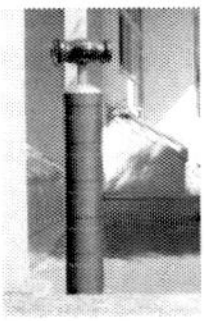

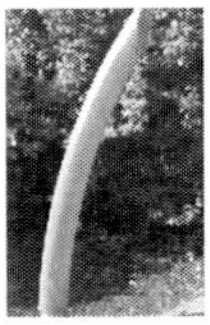

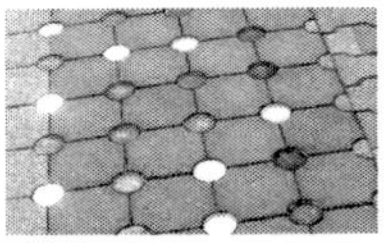

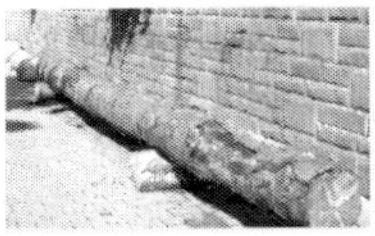

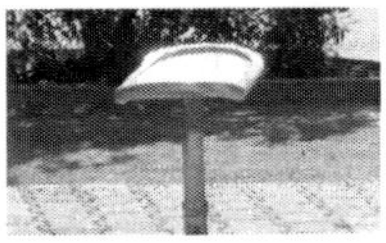

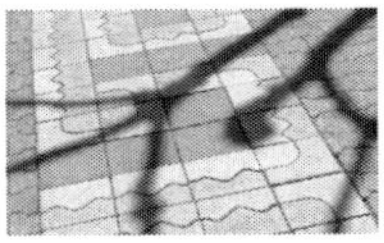

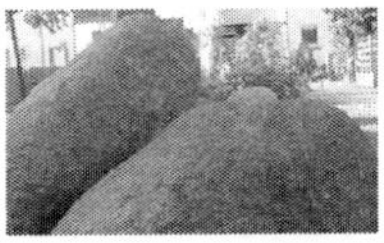

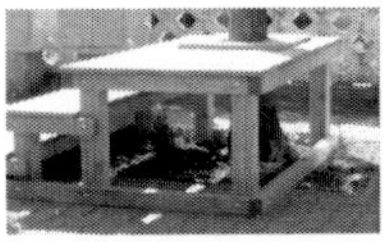

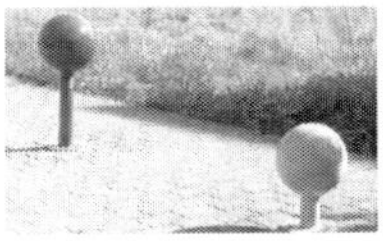

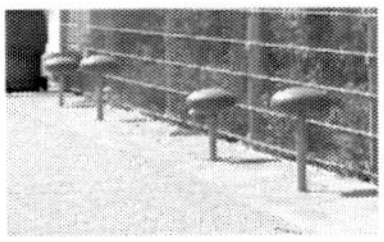

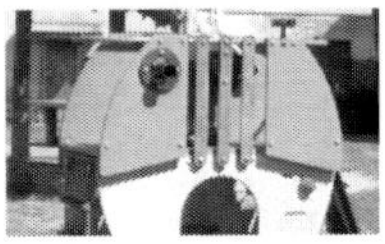

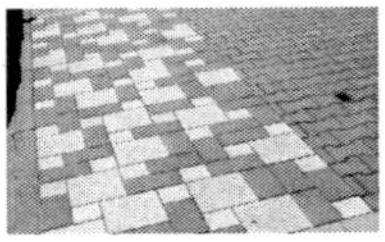

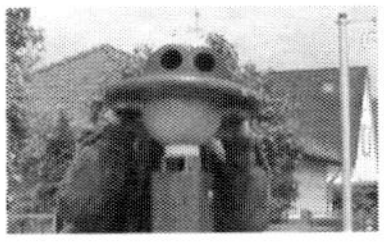

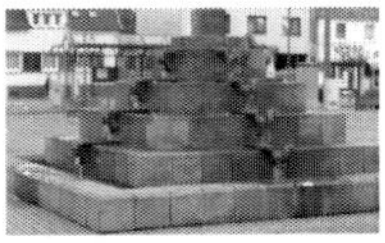

☐ ☐ ☐

☐ ☐ ☐

☐ ☐ ☐

☐ ☐ ☐

Wie gefallen Dir die Spielstationen in den Griesheimer Straßen?

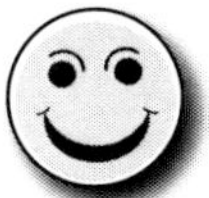

☐ spannend ☐ langweilig ☐ störend

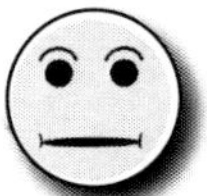

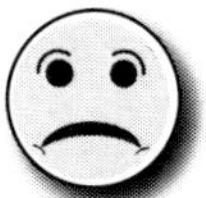

Warum hast Du gerade dieses Smiley angekreuzt?

___

___

___

Danke für Deine Antworten.

___

Friedrich-Ebert-Schule

Beispielfragebogen für die Evaluation

Kinderbewertungen

- Ich finde die Stationen lustig. Und schön. Sie machen Spaß
- Sie sind cool
- Der Schulweg ist jetzt super spannend
- Weil ich die Idee gut finde
- Als ich jünger war, fand ich sie super
- Weil sie gute Laune machen
- Weil ich mich da gerne aufhalte

- Weil man nie weiß, wo der Nächste ist
- Weil man es manchmal macht und manchmal nicht
- Weil man zwischendurch spielen kann
- Weil es eine gute Beschäftigung ist, denn der Weg ist langweilig

- Wenn man auf jemanden warten soll, dann kann man spielen
- Weil ich es schön finde, immer mal ab und zu einfach daran zu spielen, ohne auf den Spielplatz gehen zu müssen
- Weil man alles Mögliche machen kann
- Wenn jemand müde ist, kann man sich draufsetzen
- An den Spielstationen kann ich mit meinen Freunden spielen

- Ich finde sie spannend, weil es für Kinder ist
- Ich finde, dass Griesheim tolle Spielstationen gebaut hat
- Macht weiter so und baut neue Sachen
- weil ich sehr gerne möchte, dass es weitergeht
- Ich finde es gut, nur ist leider auf meinem Weg noch nichts
- Weil ich es gut finde, dass was für Kinder getan wird

- Weil man da viele neue Spiele erfinden kann
- Weil an den Steinen kann man ganz viele Spiele ausdenken
- Weil wir ein Spiel erfunden haben, und es ist immer spannend, wer gewinnt

- Weil man sonst auf der Straße nicht spielen kann
- Weil der Schulweg dann nicht nur aus Laufen besteht
- Weil es dann in Griesheim nicht so langweilig aussieht
- Weil sie gut zu sehen sind in den Straßen
- Deko ist es auch noch!
- Weil ich es spannend finde, immer neue Spielstationen zu sehen
- Weil ich es gut finde, dass den Kindern der Weg verschönert wird
- Weil sie so bunt sind

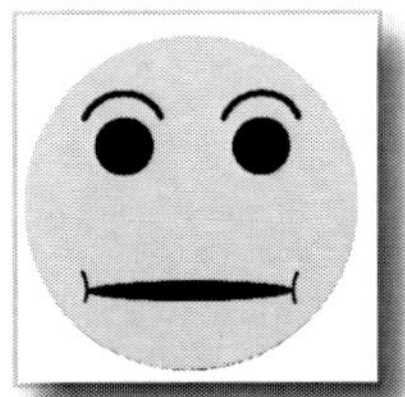

- Weil ich cool bin und es Kinderkram ist
- Weil sie im Weg stehen und ich kein Baby bin
- Kindersachen: ich bin kein Kind mehr

- Weil man nicht besonders lange spielen kann, ohne die Lust zu verlieren
- Es müssen mehr und Größere mit mehr Aktion gebaut werden
- Weil es zu wenige sind

- Weil man oft nicht weiß, was man dort machen muss
- Ich verstehe den Sinn nicht

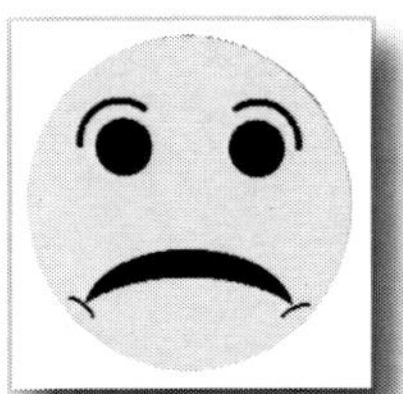

- Weil man manchmal die Zeit im Spiel vergisst
- Weil es die Zeit verplempert
- Weil sie Zeit weg nehmen
- Weil man braucht eine halbe Ewigkeit, um herauszufinden, für was sie gut sind
- Weil ich empfinde, dass es keine richtigen Spielgeräte sind

Dabei nimmt die Zustimmung vom ersten Schuljahr (88,3%) bis zum vierten Schuljahr (58,0%) kontinuierlich ab. Ein deutlicher Hinweis auf die altersspezifische Wirkung, die insgesamt bei drei von vier Kindern Zustimmung findet.

Kinder entdecken für sich Möglichkeiten, weil sie die Objekte für sich definieren. Einige stellen sich schon einen Ort vor, in dem in jeder Straße etwas zu finden ist. Einige beginnen, neue Spiele zu erfinden. In den Begründungen spiegelt sich aber auch die Einstellung Erwachsener wieder, die Kindern vermitteln, dass man „auf der Straße“ nicht spielt. Andere haben sich schon daran gewöhnt, dass ihnen die Gegenstände definiert werden. Oder sie übernehmen die Prioritäten Erwachsener, was die Zeit anbetrifft. Es spiegelt sich aber auch wieder, dass sie altersentsprechende Erwartungen entwickelt haben, die nicht in Straßen realisiert werden können.

„Spielraum“ – das kennzeichnet in der deutschen Sprache nicht nur eine territoriale Qualität, sondern auch die Qualität der Entscheidungsfreiheit. Die bespielbare Stadt gibt Kindern Flächen im Straßenraum. Es gibt nicht mehr nur das Signal einer Autostraße. Und mit den definitionsoffenen Objekten gibt es ihnen Spielraum, selbst zu definieren, was sie damit anfangen.

In Verbindung mit den „Spielstraßen auf Zeit“ und dem „Kleinen Griesheimer“ als Schulwegbegleiter gibt die „bespielbare Stadt“ mehr Spielraum für Spielraum.

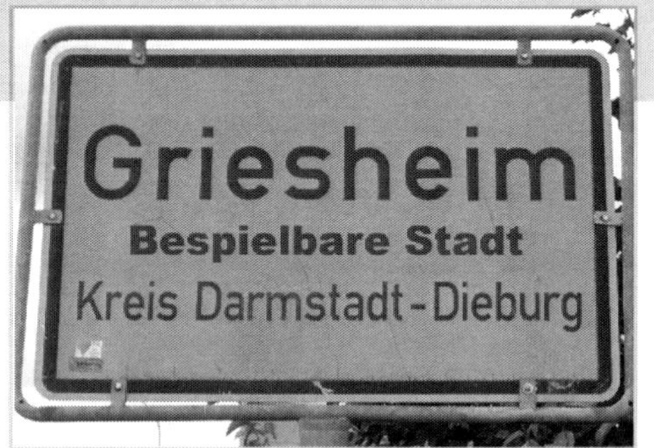

Eine Karte mit dem Spielwegenetz, den Kinderorten und den Spielobjekten befindet sich in der Tasche im hintern Buchdeckel.

Literaturverzeichnis

Achnitz, Christian (1992): Bausteine für kinderfreundliche Stadtquartiere (Stadtsanierungsamt, Paulinenstr.25, Tübingen)

Apel, Dieter; Messerich, Ulla; Pach, Reinhard (1985): Partizipation und räumliche Umwelt, In: Meyer, Bernhard; Schröder, Eberhard (Hrsg.): Die junge Generation bestimmt mit; Praktische Modelle in Gemeinde und Gesellschaft, (Kösel) München, S.193-199

Bartscher, Matthias (1998): Partizipation von Kindern in der Kommunalpolitik, (Lambertus), Freiburg im Breisgau

Berbig, Evelyn (1990) Das Projekt „Spiellandschaft Stadt München", In: Berbig, Evelyn; Knecht, Gerd (Hrsg.): Auf dem Weg zu einer Spiellandschaft Stadt; Konzepte – Projekte – Praxis; 5 Jahre Arbeitsgemeinschaft Spiellandschaft Stadt (Spiellandschaft Stadt e. V., Reichenbachstraße 12, 8000 München 5) München, S.16-57

Berger, Karola (1996): Innenstädte sind nicht nur zum Einkaufen da! Zur Vernetzung von Spielmöglichkeiten am Beispiel der Fußgängerzone im Stadtteil Wanne, In: Blanke, Hedwig; Hovenga, Brigitte; Wawrziczny, Silvia (Hrsg.): Handbuch kommunale Kinderpolitik; Ansätze, Anregungen und Erfahrungen konkreter Kinderpolitik (Votum) Münster, S.177-181

Blase, Dieter; Sipos, Veit (1991): Kinderspiel in der Stadt- und Gemeindeplanung, In: Klug, Hans-Peter; Roth, Maria (Hrsg.): Spielräume für Kinder, (Votum), Münster S.13-39

Bochnig, Stefan (1996): Die kinderfreundliche Stadt, In: Horst, Rolf von der (Hrsg.): Handbuch Spielraum; Alles über „Spiel im öffentlichen Raum" (Spielraum Fachinformation, Alte Schule Bannetze, 29308 Winsen) Winsen, S.57-66

Bronfenbrenner, Urie: Ökologische Sozialisationsforschung, Klett, Stuttgart 1986

Burghardt, Christa (1994): Spielen in der Wohnumwelt, In: Burghardt, Christa; Kürner, Peter (Hrsg.): Kind und Wohnen; Vom Wohnungsgrundriss bis zur Hausordnung: Erfahrungen aus der Praxis, (Leske + Budrich) Opladen, S.101-113

Doose, Volker (1996): Barrierefreie Spielräume, In: Horst, Rolf von der (Hrsg.): Handbuch Spielraum; Alles über „Spiel im öffentlichen Raum" (Spielraum Fachinformation, Alte Schule Bannetze, 29308 Winsen) Winsen, S.150-152

Flade, Antje (1993): Spiele von Kindern im Wohnviertel - Das home - range Konzept, In: H.J. Harloff (Hrsg.): Psychologie des Wohnungs- und Siedlungsbaus, Göttingen, Stuttgart

Harms, Gerd (1989): Spiel- und Lebensraum Großstadt, Luchterhand Berlin

Krause, Hans-Joachim; Ohrt, Timm, Seggern; Hille von. (1977): Kinder in der inneren Stadt. Auf Straßen und Plätzen. Zum Einfluß der sozialen und Städtebaulichen Umwelt (Teil I und II und Anhang). Hamburg.

Laage, Gerhart (1980): Gemeindeentwicklungsplan und Spiel, In: Kinderhilfswerk e. V. – Wissenschaftlicher Beirat: Umwelt und Spiel- Bausteine für eine kindgerechte Gemeinde, (Kinderhilfswerk e. V.) München, S. 171- 186

Lau, Silvia; Nerger, Heide; Schreiber, Bärbel (1997): Spielorte für Kinder; Eine Praxisanleitung zur Gestaltung öffentlicher Räume, (Beltz praxis) Weinheim und Basel

Meyer, Bernhard (1985): Spielen kann man überall?!; Sozialräumliche Einflussfaktoren im Wohnumfeld, In: Zacharias, Wolfgang (Hrsg.): Zur Ökologie des Spiels; Spielen kann man überall!?, (Pädagogische Aktion e.V., Schellingstr. 109a, D-8000 München 40) München S.47-66

Meyer, Bernhard (1991): Freiheitsentzug ohne Urteil In: Sozialmagazin, 16. Jg., Heft 7/8, S. 14-20

Meyer, Bernhard (1994): Leben in der Stadt- Die letzen Flächen für die Kinder, In: Burghardt, Christa; Kürner, Peter (Hrsg.): Kind und Wohnen; Vom Wohnungsgrundriss bis zur Hausordnung: Erfahrungen aus der Praxis, (Leske + Budrich) Opladen, S.35-43

Meyer, Bernhard (1999): Spielraumrisiko (Bassenauer) Griesheim

Meyer, Bernhard (2009): Perspektivenwechsel und demokratisches Lernen, (Shaker) Aachen

Ministerium für Bildung, Mainz; Ministerium für Umwelt, Mainz (Hrsg.) (2007): Spielleitplanung - ein Weg zur kinderfreundlichen Gemeinde und Stadt (Ministerium für Bildung, Wissenschaft, Jugend und Kultur Rheinland- Pfalz, Mittlere Bleiche 61, 55116 Mainz) Mainz

Muchow, Martha; Muchow, Heinrich (1978): Der Lebensraum des Großstadtkindes, päd.-extra reprint Bensheim, (Original Hamburg 1935)

Müller, Peter, u.a. (1980) Kinderspiel im Straßenraum, In: Bundesministerium für Raumordnung, Bauwesen und Städtebau (Hrsg.): Städte bauliche Forschung: Kinderfreundliche Umwelt – Kinderspiel im Straßenraum (Schriftenreihe des Bundesministers für Raumordnung, Bauwesen und Städtebau 03.087, Deichmanns Aue 5, Bonn) Bonn

Pach, Reinhard (1996): Komm wir bauen eine Stadt! Das Stadtkinder - Projekt in Wanne, In: Blanke, Hedwig; Hovenga, Brigitte; Wawrziczny, Silvia (Hrsg.): Handbuch kommunale Kinderpolitik; Ansätze, Anregungen und Erfahrungen konkreter Kinderpolitik (Votum) Münster, S.156-159

Paul, Andreas (1997): Freiräume- Lebensräume- Menschenräume; Räume menschlicher Begegnung, In: Groß-Wilde, Ina; u. A. (Hrsg.): Spiel(T)raum, (DGGL) Berlin, S.123-151

Richter, Julian (1985): Spielraumplanung und Spielgeräte: Machbarkeit und Grenzen, In: Zacharias, Wolfgang (Hrsg.): Zur Ökologie des Spiels;Spielen kann man überall!?, (Pädagogische Aktion e.V., Schellingstr. 109a, D-8000 München 40) München S.83-90

Rönnebeck, Thomas (1971): Stadterweiterung und Verkehr im 19. Jahrhundert, Schriftenreihe der Institute für Städtebau der TH und Universitäten, Stuttgart , Heft 5

Schrattenecker, Georg (1985): Spiel als kommunale Aufgabe, In: Zacharias, Wolfgang (Hrsg.): Zur Ökologie des Spiels; Spielen kann man überall!?, (Pädagogische Aktion e.V., Schellingstr. 109a, D-8000 München 40) München S.7-10

Thomas, Inge (1979): Bedingungen des Kinderspiels in der Stadt, (J.B.Metzler) Stuttgart

Wollesen, Eric (1996): Lippstadt, eine Stadt für Kinder?, In: Deutsches Kinderhilfswerk e.V.: Kindersache; Arbeits- und Argumentationshilfen; "Straße, Weg, Pfad und Platz"; Visionen– Ideen– Leitbilder– Konzepte– Projekte– zur Revitalisierung des Spielraums, (Deutsches Kinderhilfswerk e.V., Rungenstraße 20, 10179 Berlin) Berlin, S.14-20

Zacharias, Wolfgang (1991): Spielen 2000- Spekulationen über Zukünfte des Spielens in der Stadt, In: Klug, Hans-Peter; Roth, Maria (Hrsg.): Spielräume für Kinder, (Votum) Münster, S.98-115

Zinnecker, Jürgen: Straßensozialisation(1979), In: Zeitschrift für Pädagogik 25.Jg., Heft 5, S.727-746

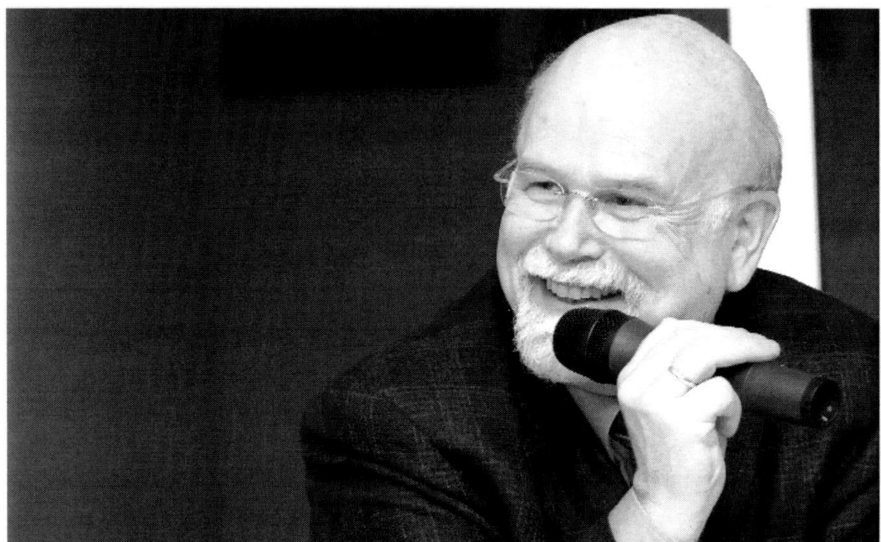

Prof. Bernhard Meyer (63) arbeitet seit 1978 an der Ev. Fachhochschule in Darmstadt im Fachbereich Sozialarbeit/Sozialpädagogik. Er ist Sozialarbeiter und Diplom-Pädagoge und lehrt Sozialplanung, Gemeinwesenarbeit, Pädagogik nichtprivilegierter Gruppen sowie Neue Technologien. Seit fast 30 Jahren beschäftigt er sich mit Spielräumen für Kinder und Jugendliche und engagiert sich besonders für deren Beteiligung an einer nachhaltigen Stadtentwicklung.
Außerdem arbeitet er zu sozialwissenschaftlichen Aspekten der Nutzung privater und öffentlicher Räume. Meyer führte Projekte in über 70 Stadtteilen in Hessen und Baden-Württemberg durch. Zahlreiche Veröffentlichungen zum Thema reflektieren die Praxis-Erfahrungen.

Dienstlich:
Ev. Fachhochschule Darmstadt,
Zweifalltorweg 12, 64293 Darmstadt,
Fon. 06151.87980 Fax. 06151. 879858
eMail: meyer@efh-darmstadt.de
http://www.efh-darmstadt.de

Privat:
Friedrich Ebert Str.3, 64347 Griesheim,
Fon. 06151.830483, Fax. 06151.830484,
eMail: bernhard.meyer@t-online.de

Anhang

Ressourcen im öffentlichen Raum

Spielobjekte

Sponsoren

Ressourcen im öffentlichen Raum

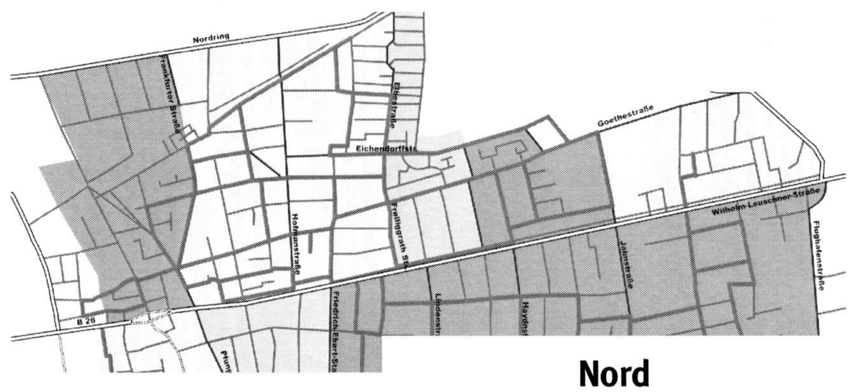

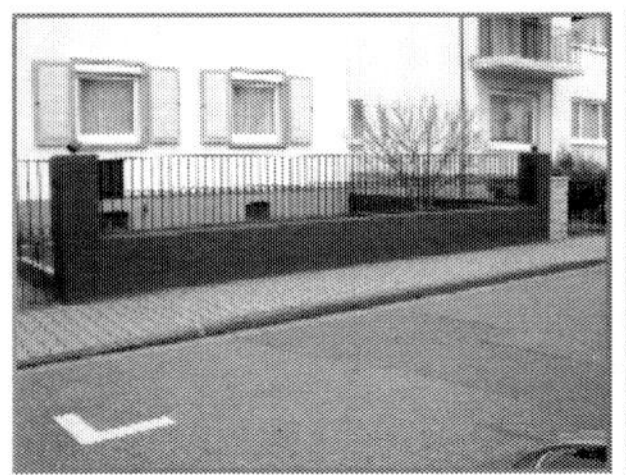
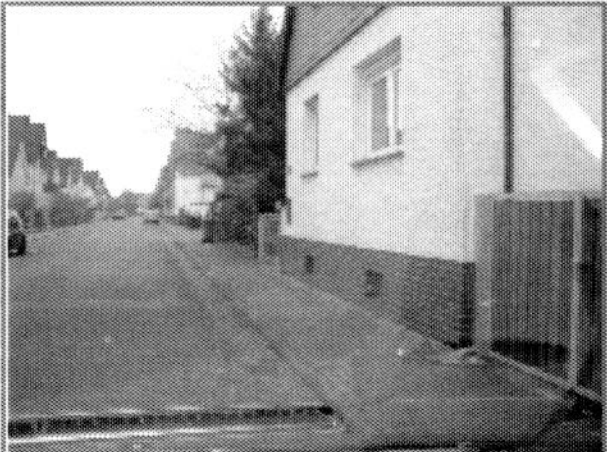
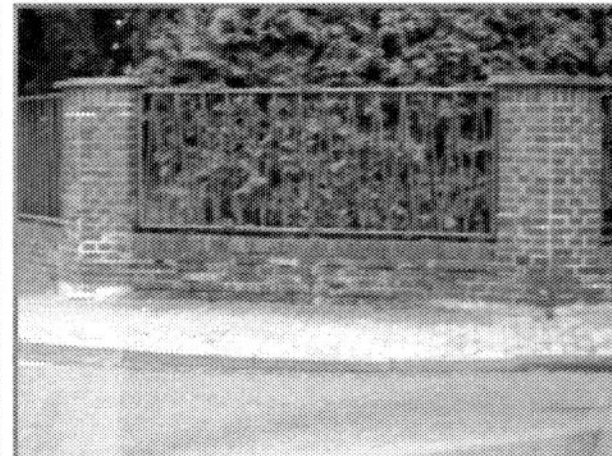

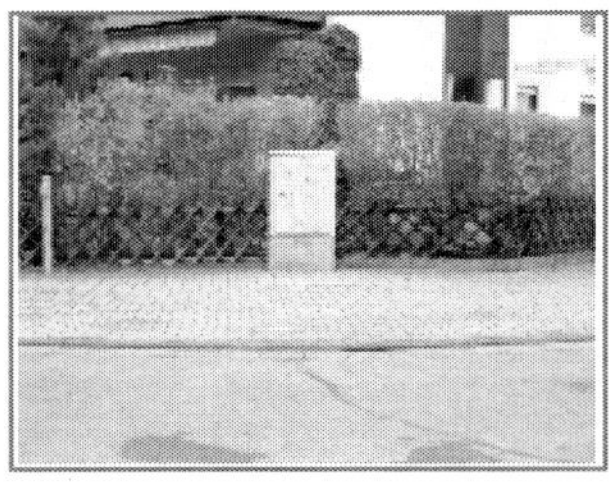
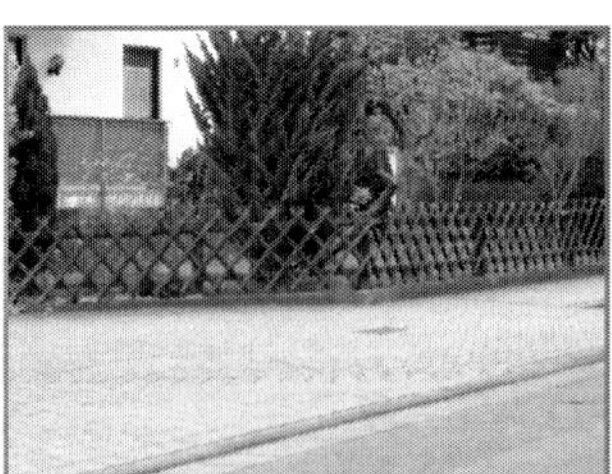
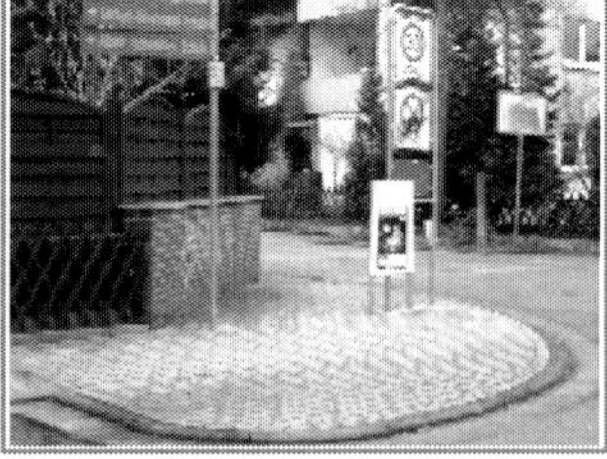

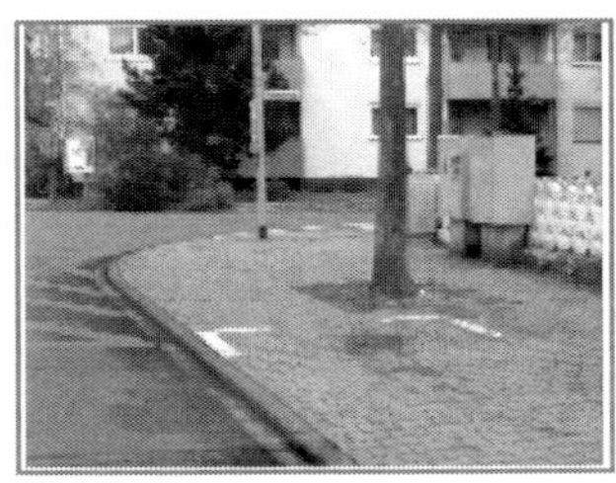
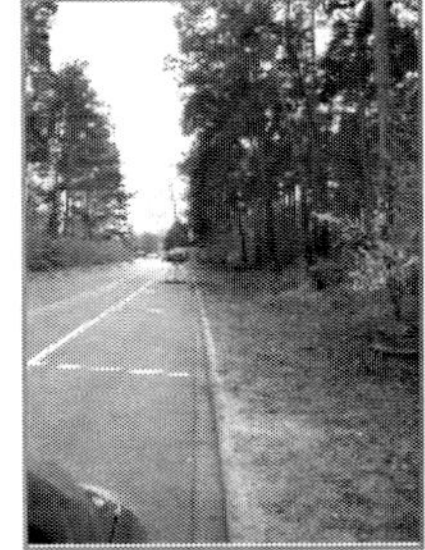
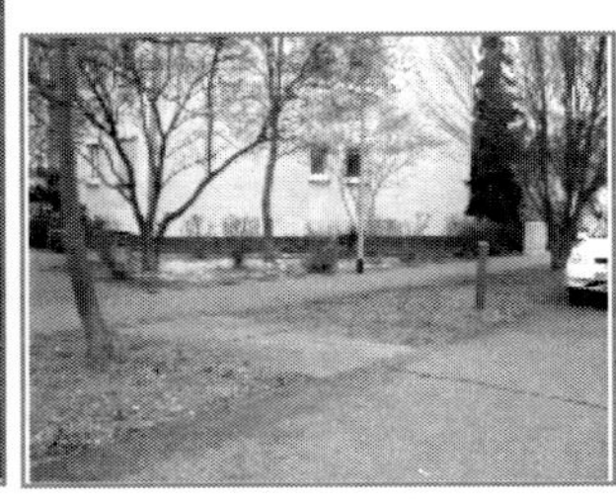
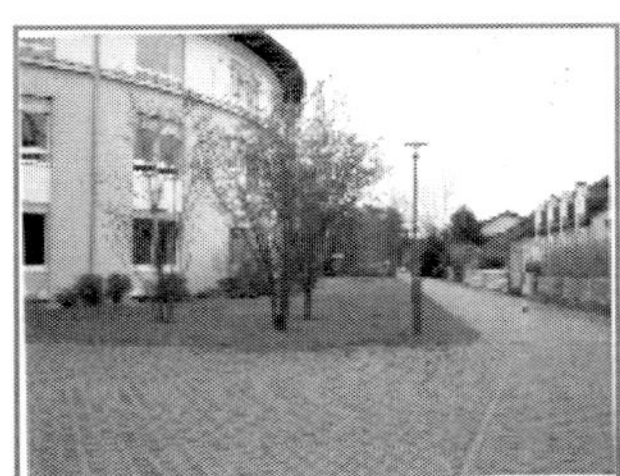
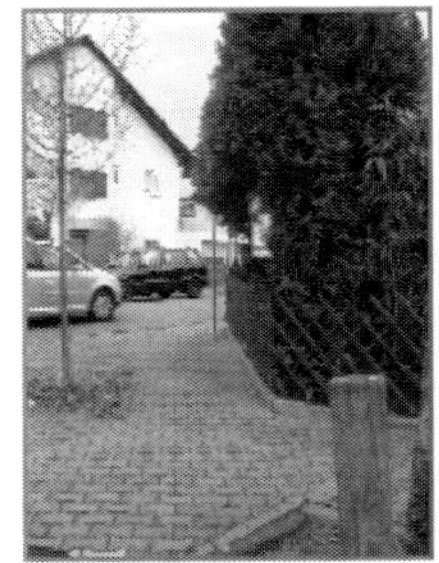
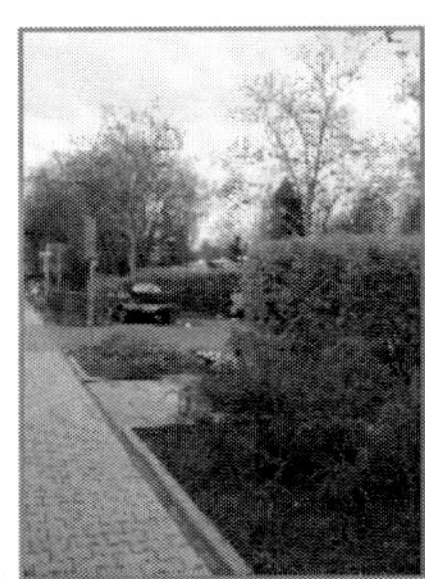
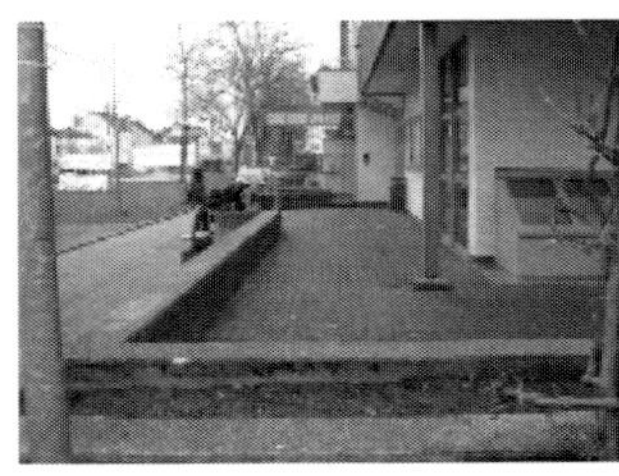
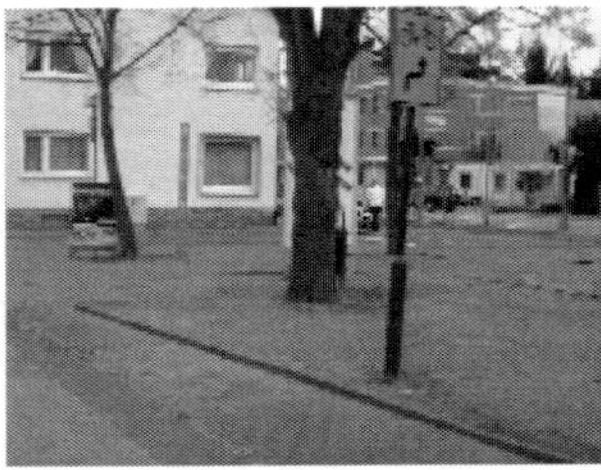
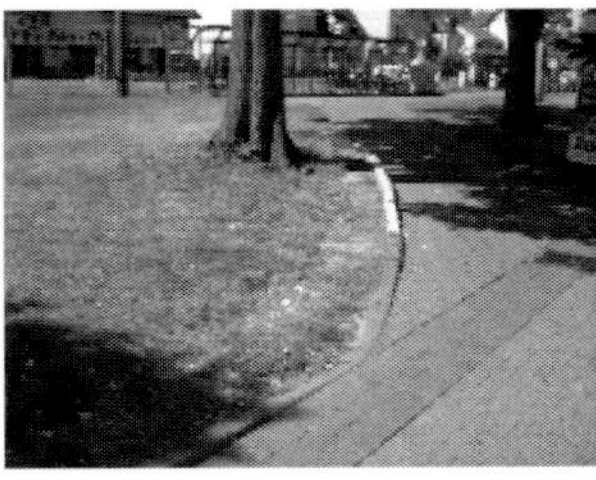
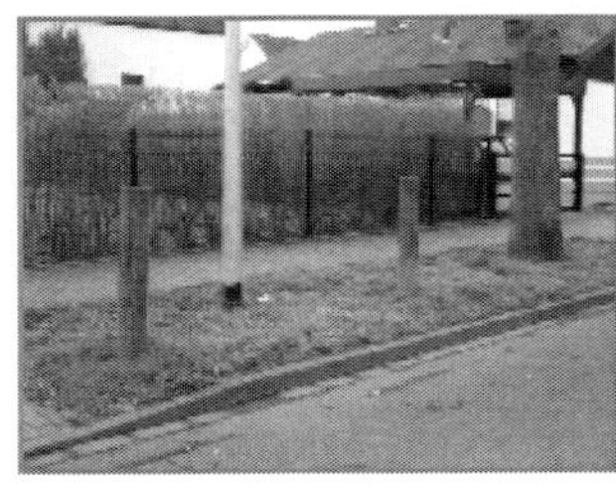
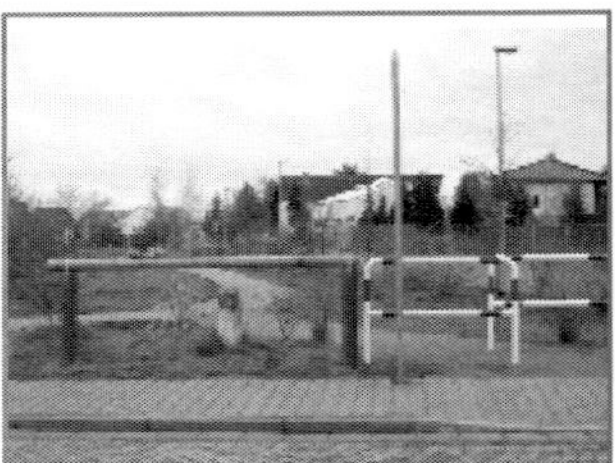
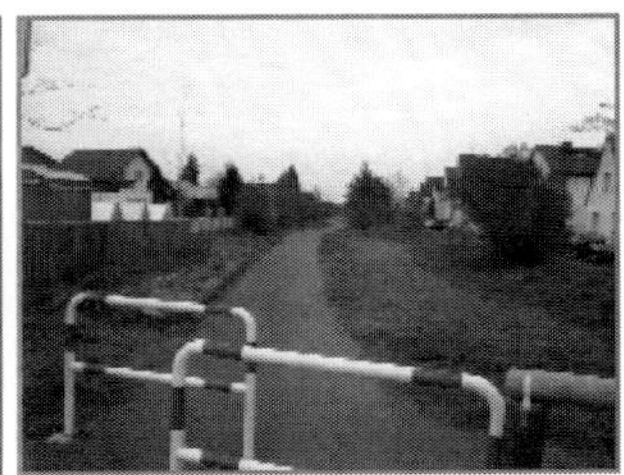

Ressourcen im öffentlichen Raum (Nord)

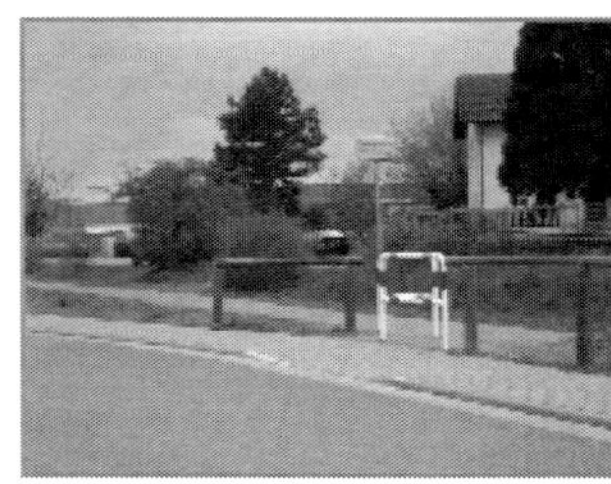
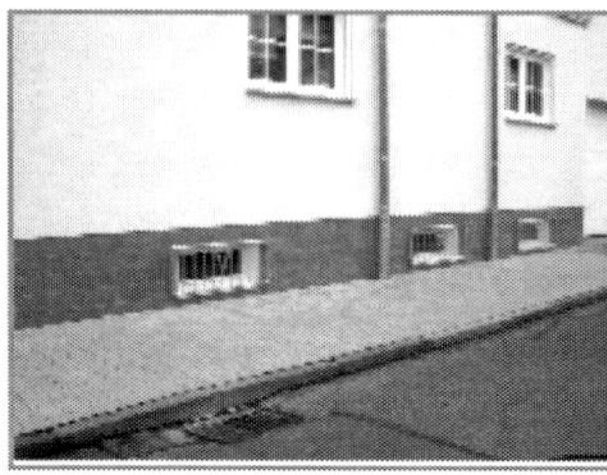
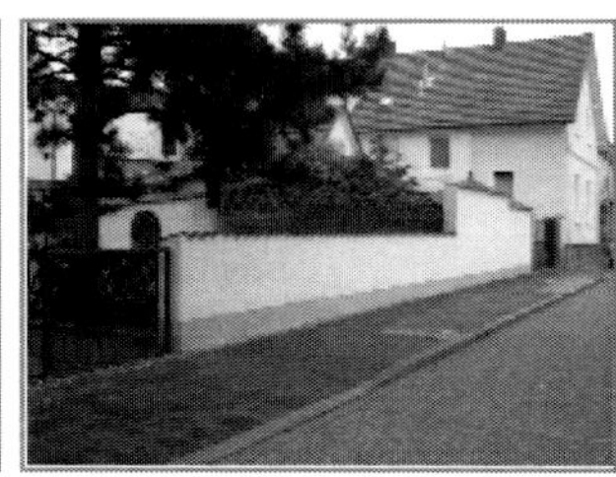
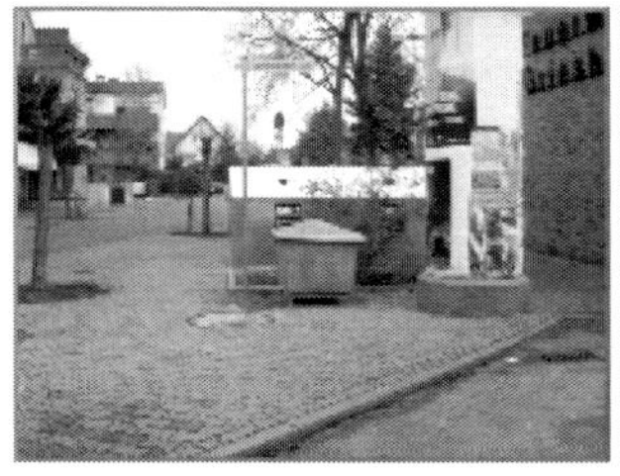
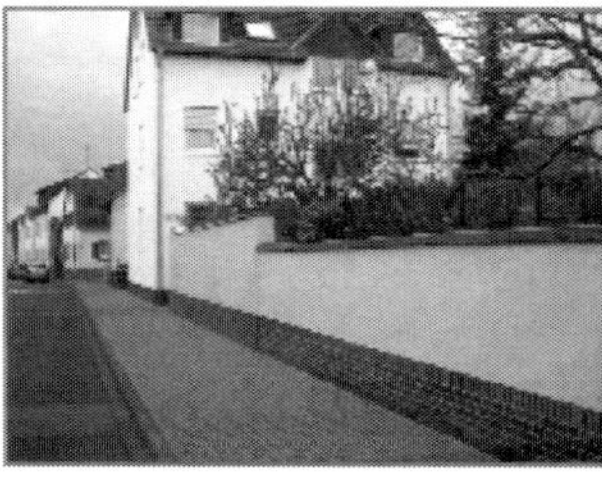
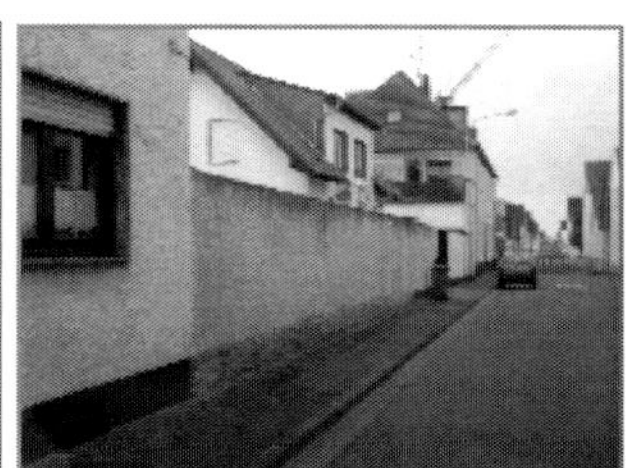
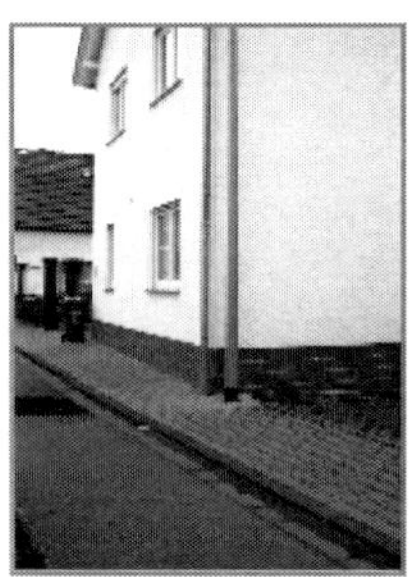
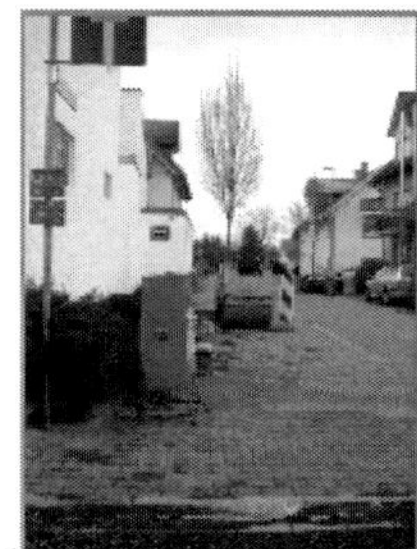
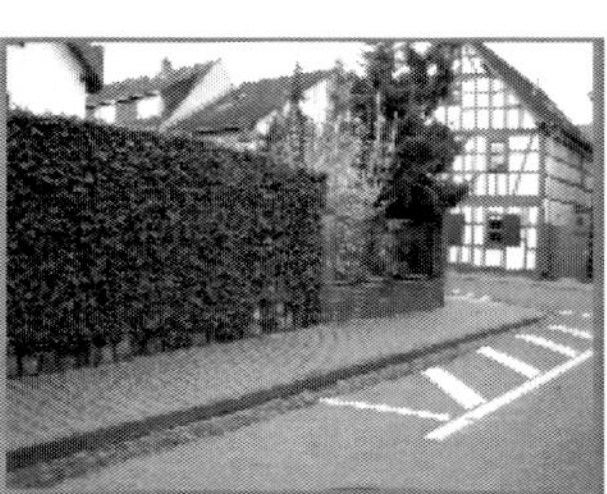
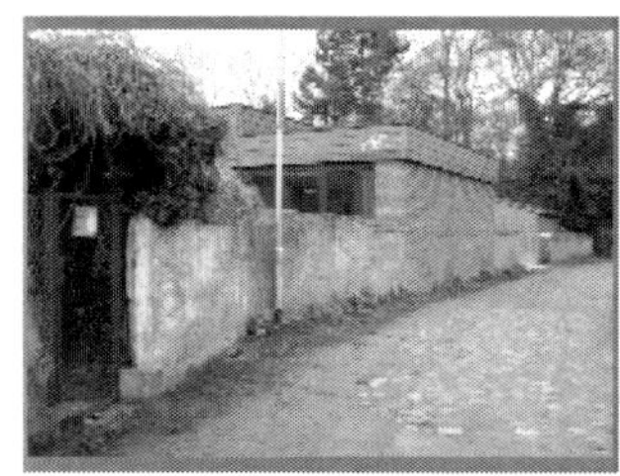
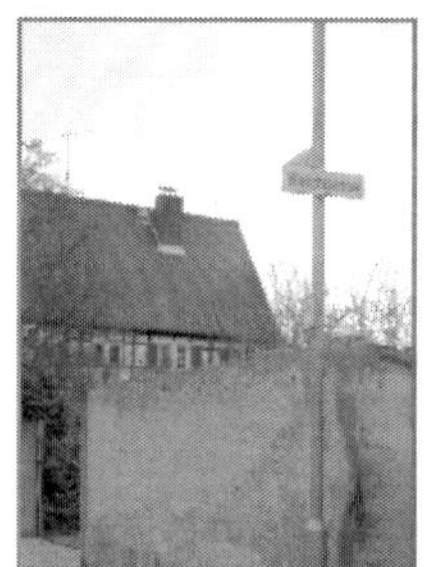
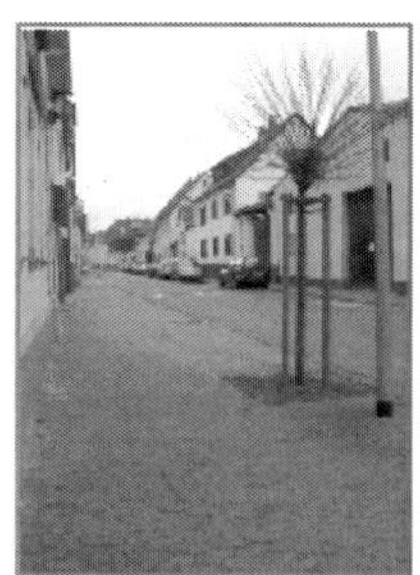

Ressourcen im öffentlichen Raum (Nord)

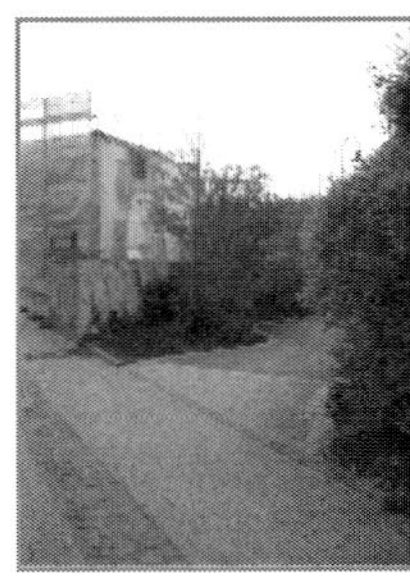
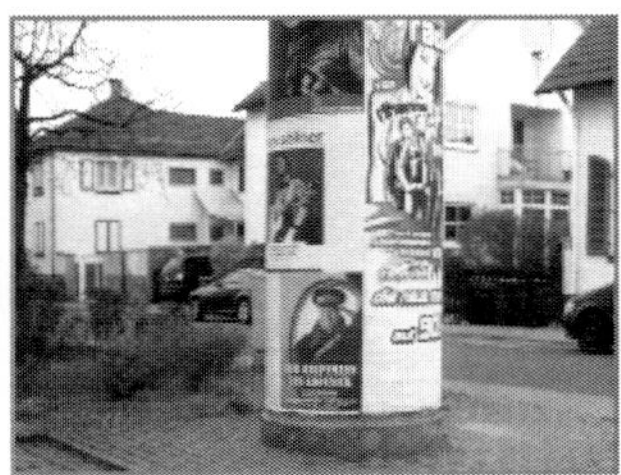
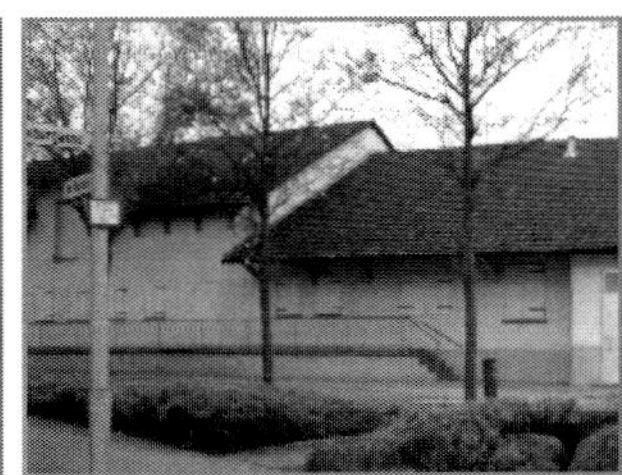
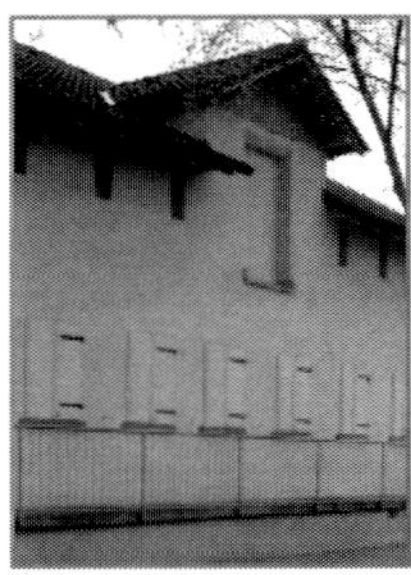
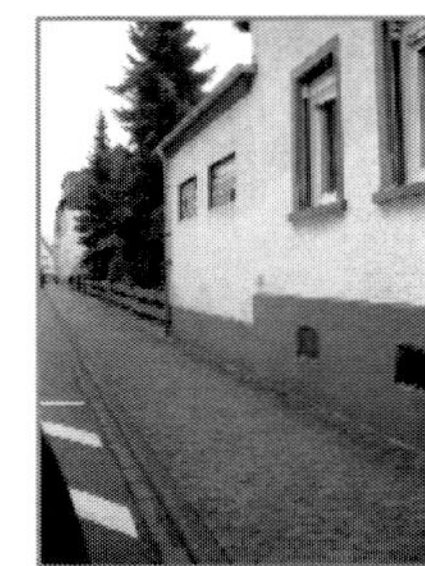
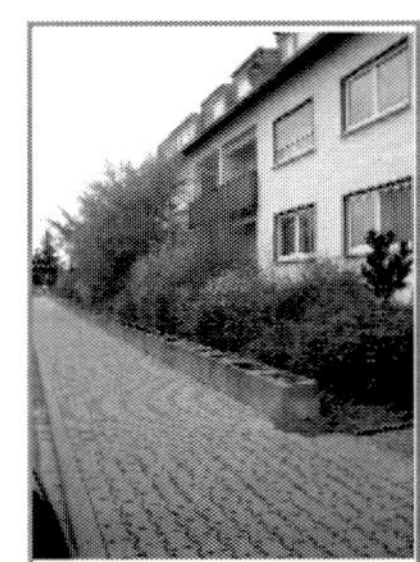
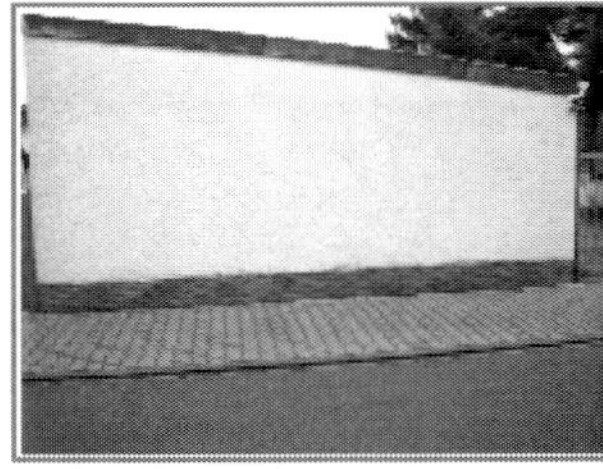
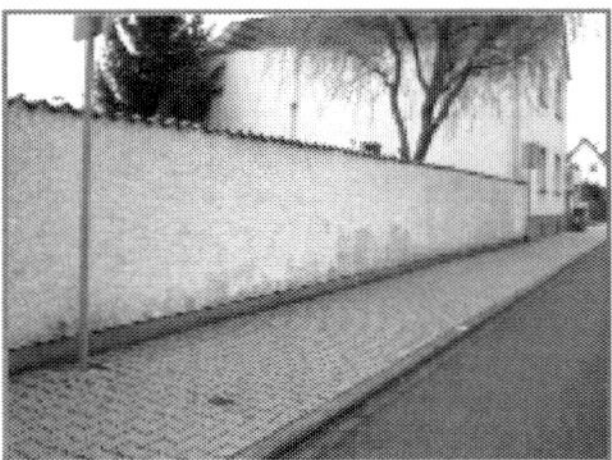
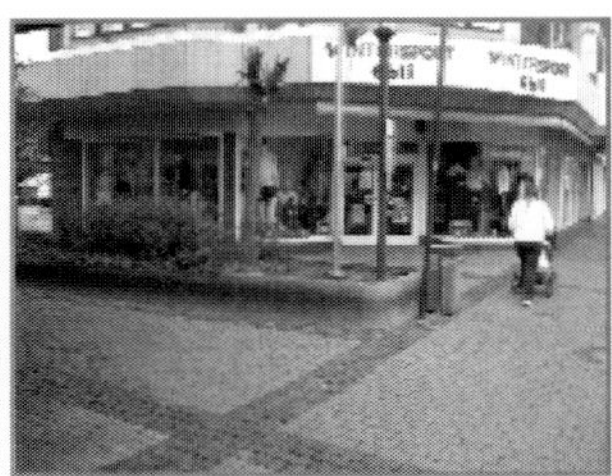
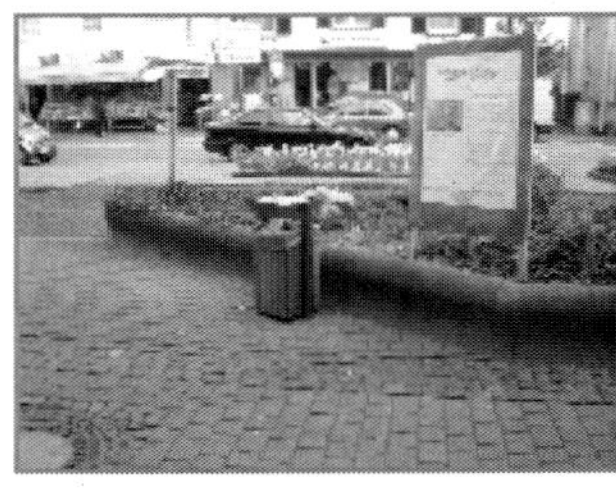
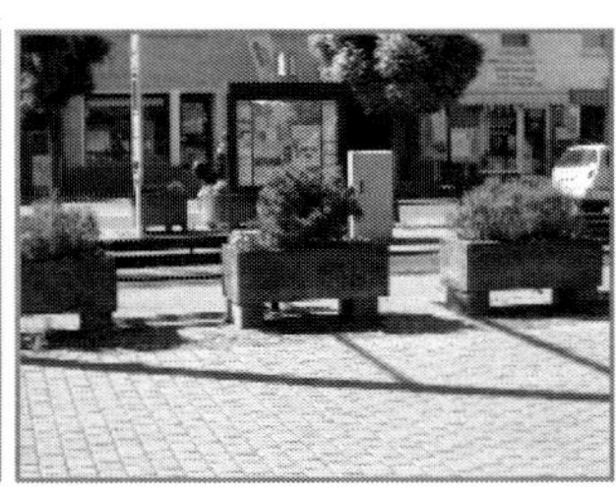
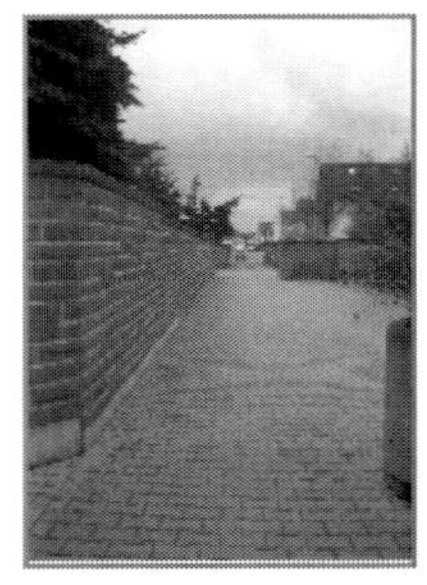

Ressourcen im öffentlichen Raum (Nord)

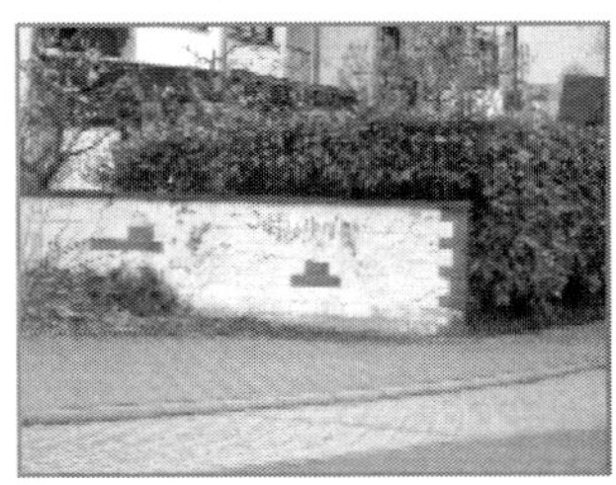

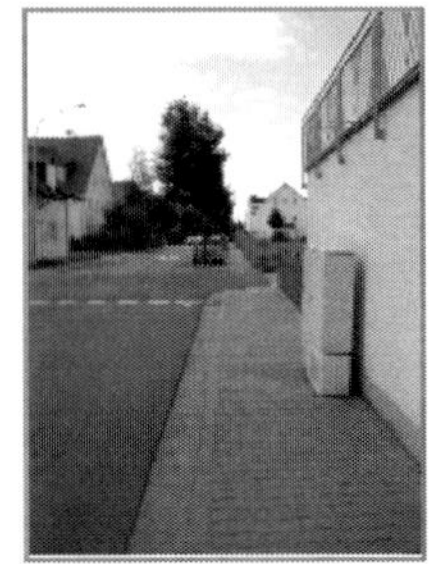

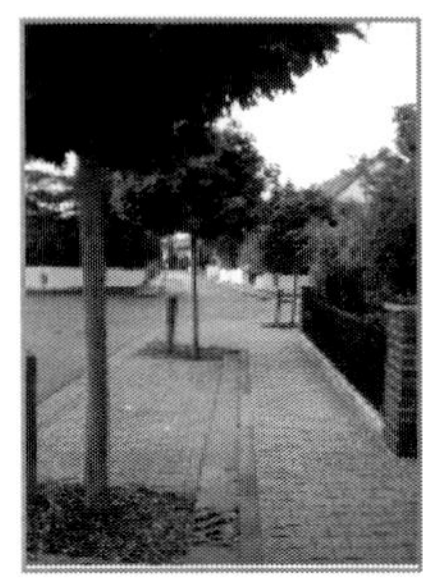

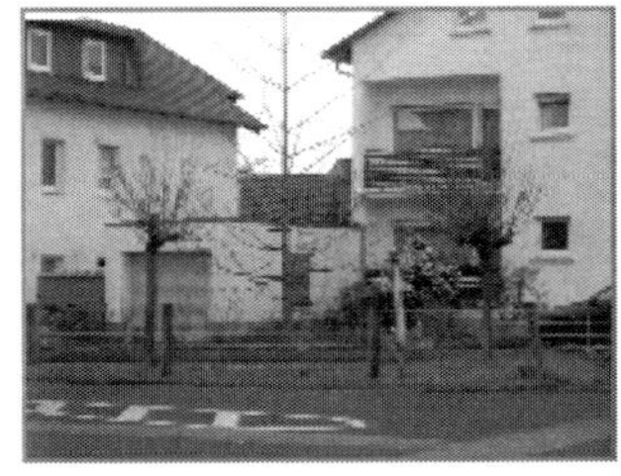

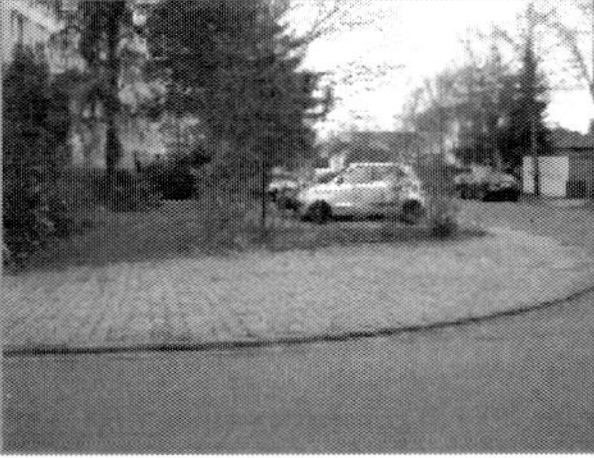

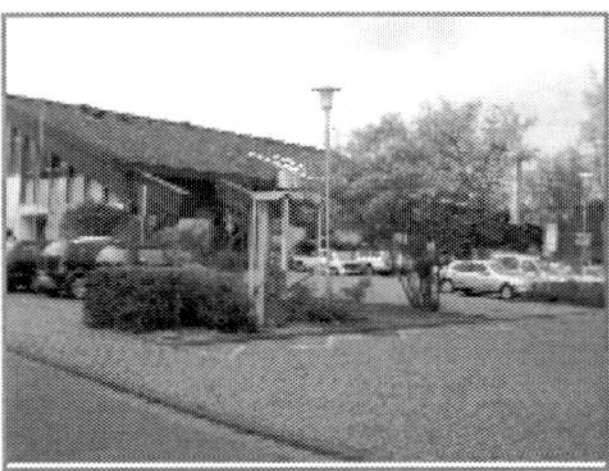

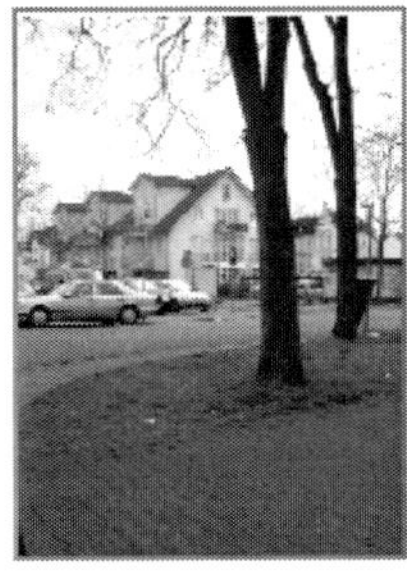

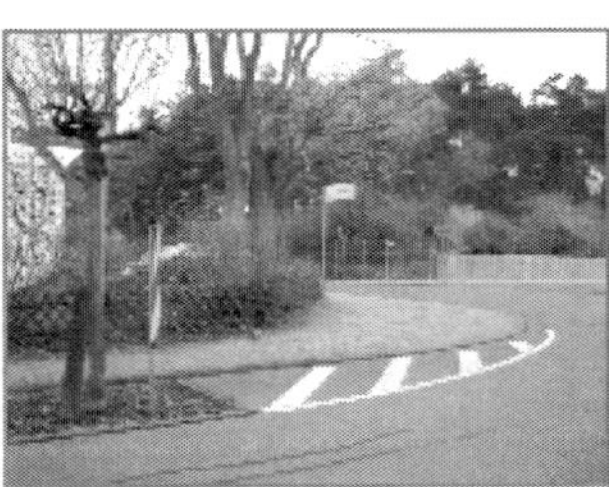

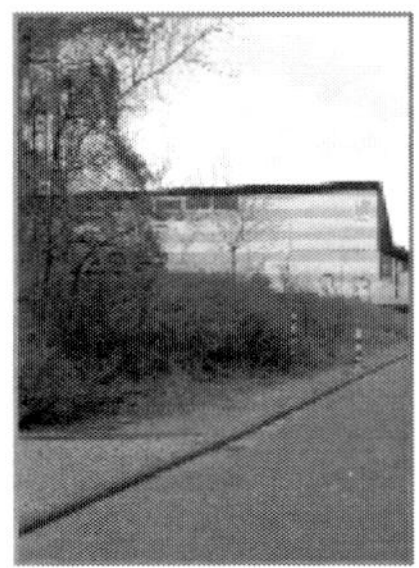

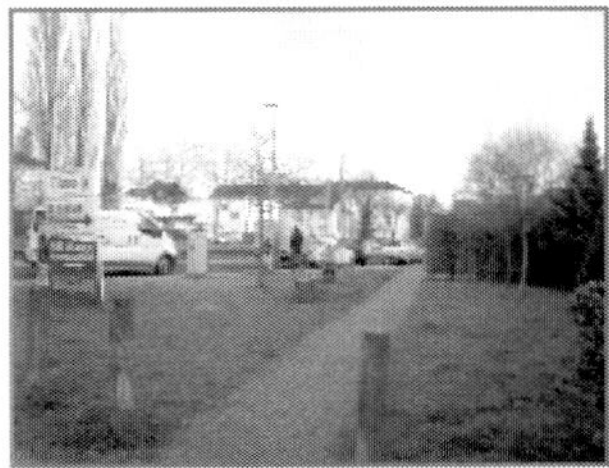

Ressourcen im öffentlichen Raum (Nord)

Ressourcen im öffentlichen Raum

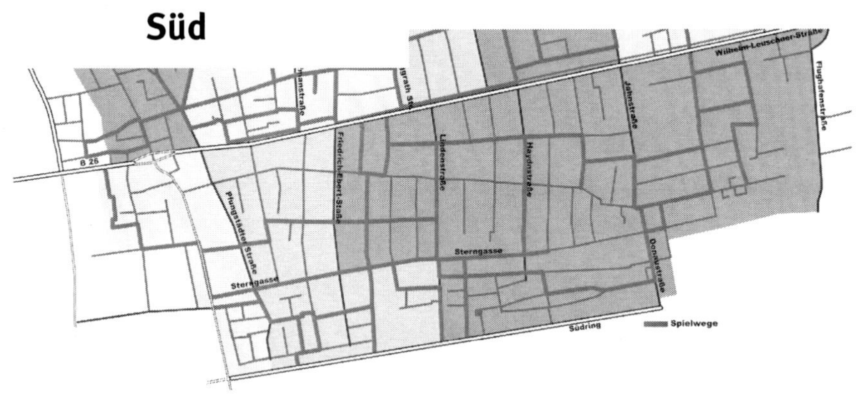

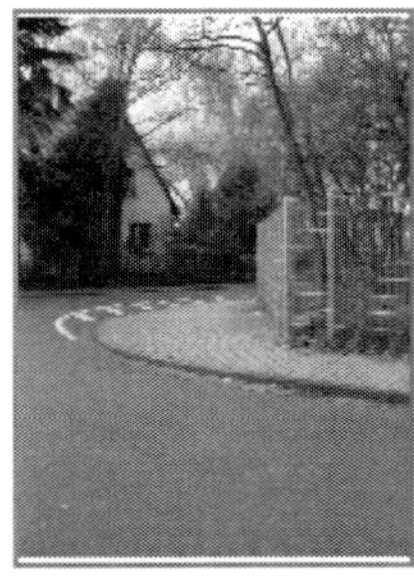

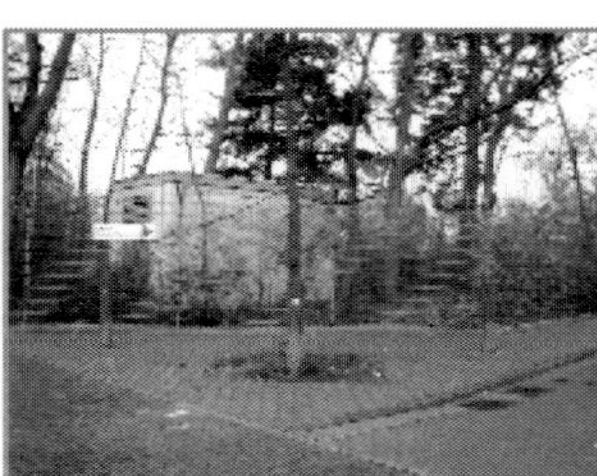

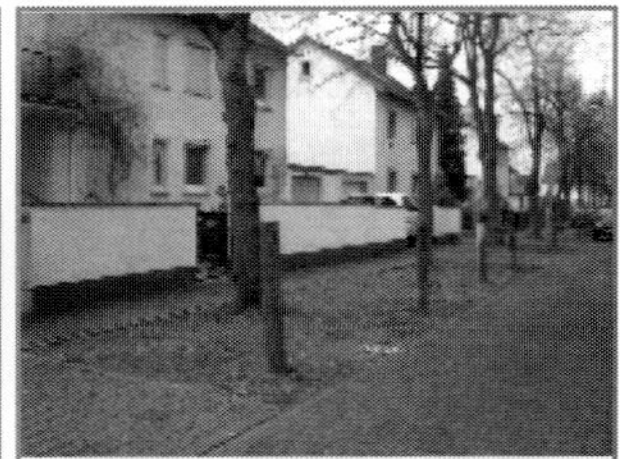

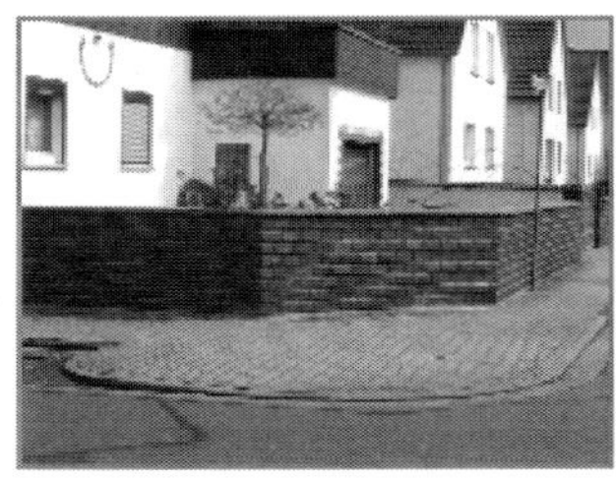

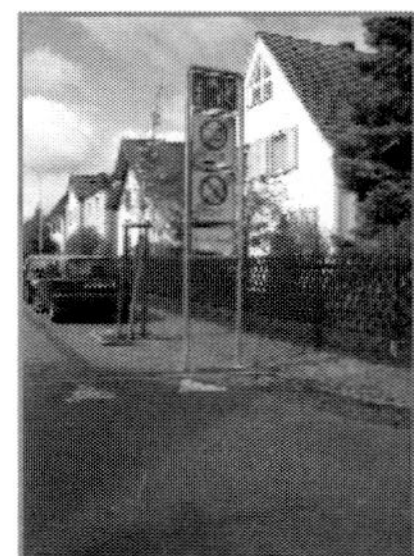

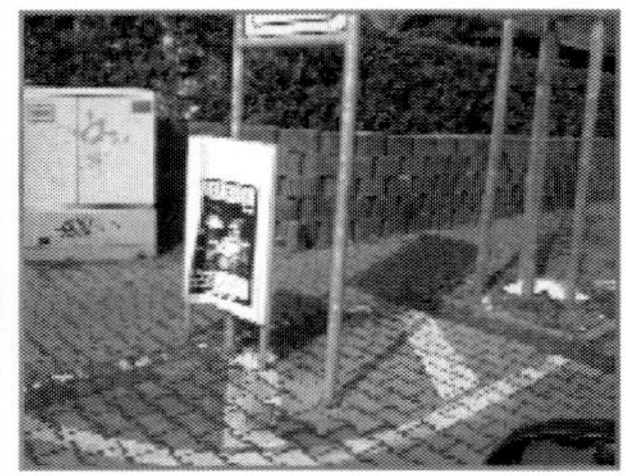

Ressourcen im öffentlichen Raum (Süd)

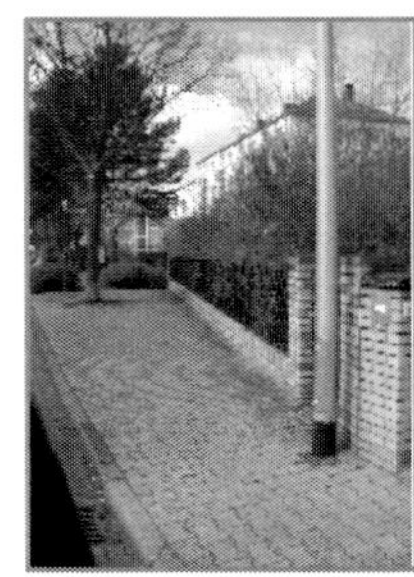
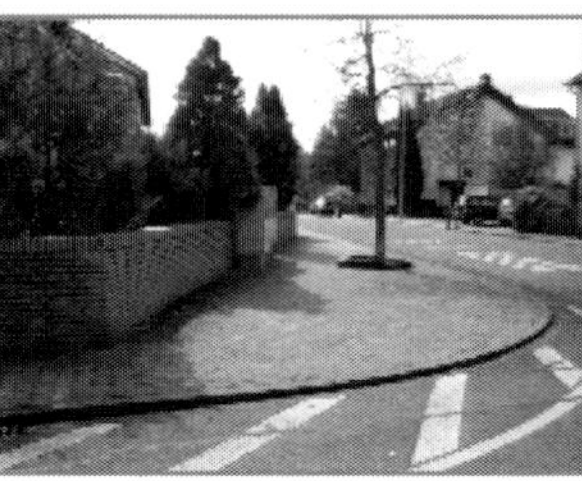
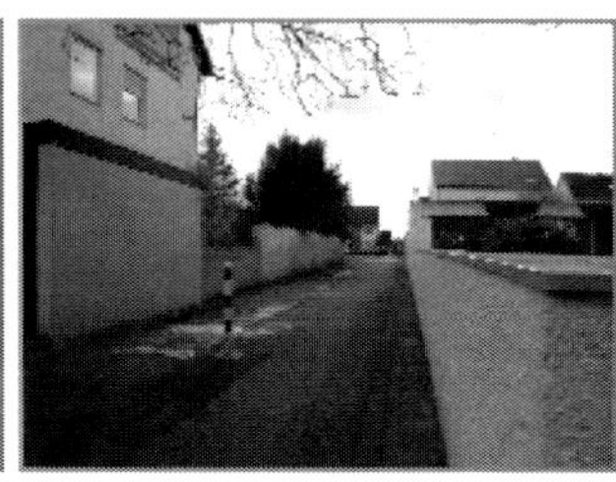
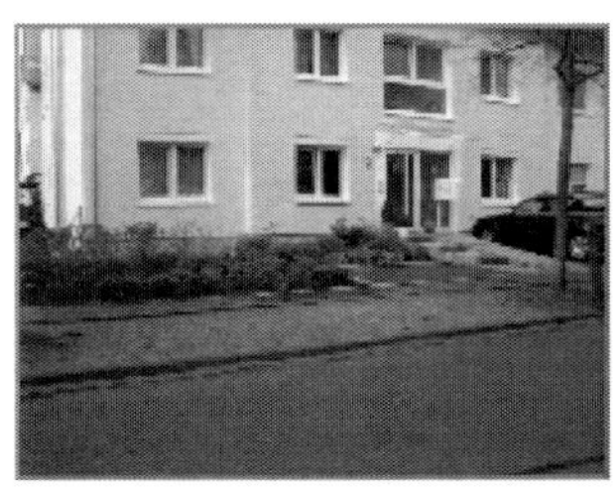
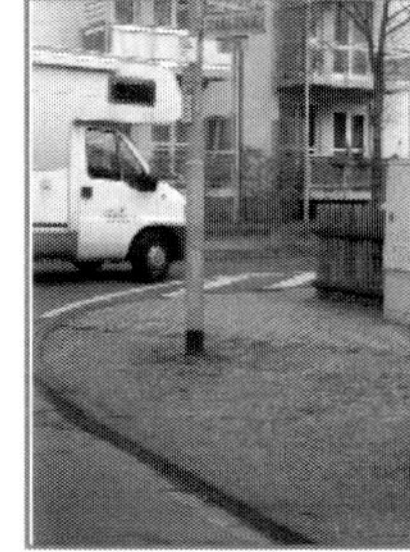
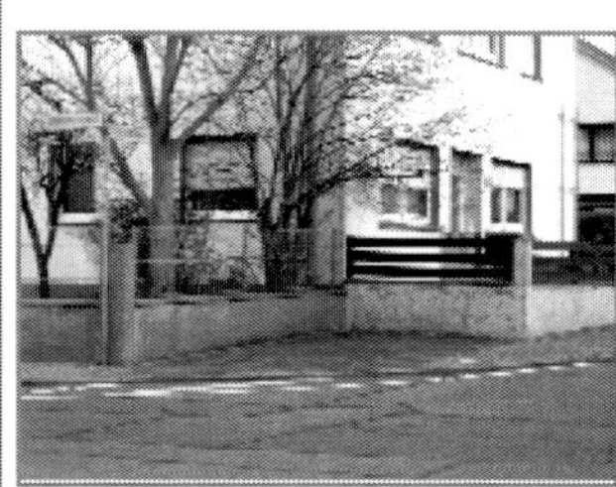
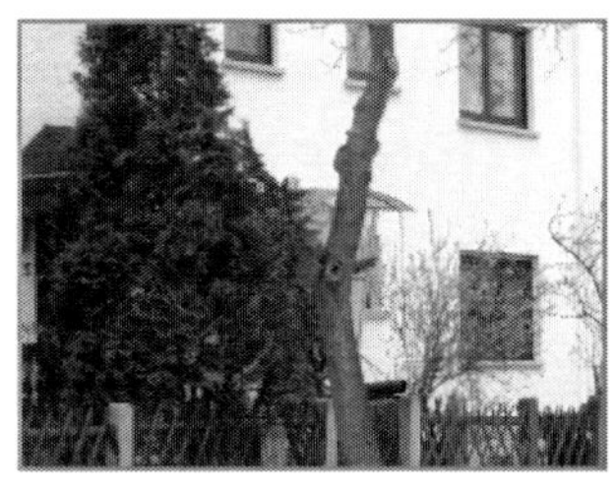
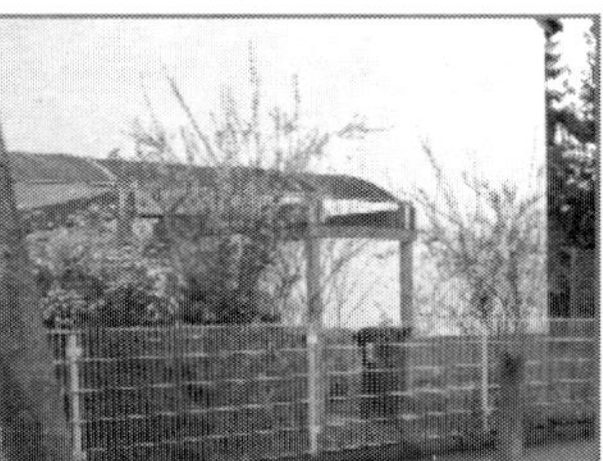
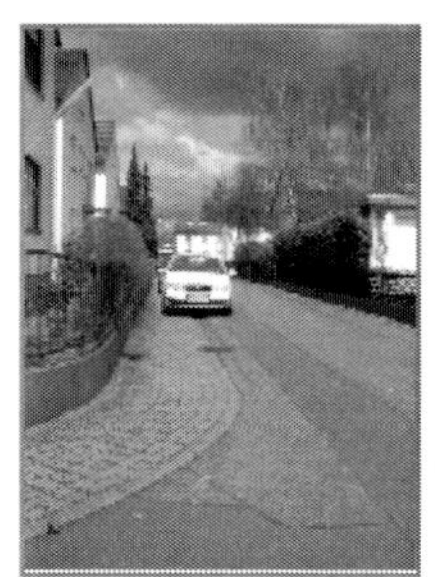
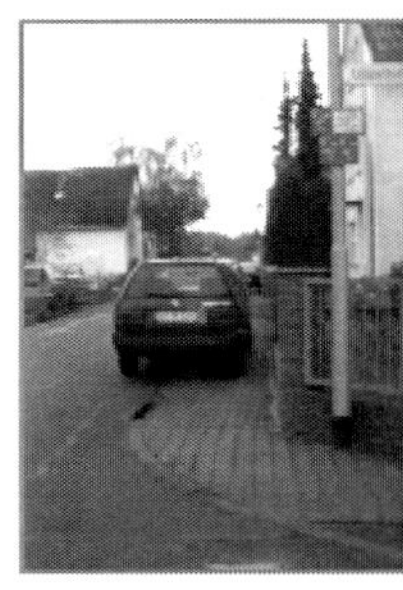
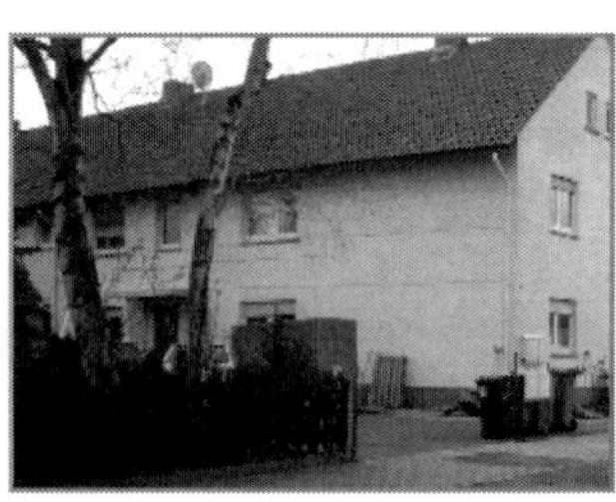
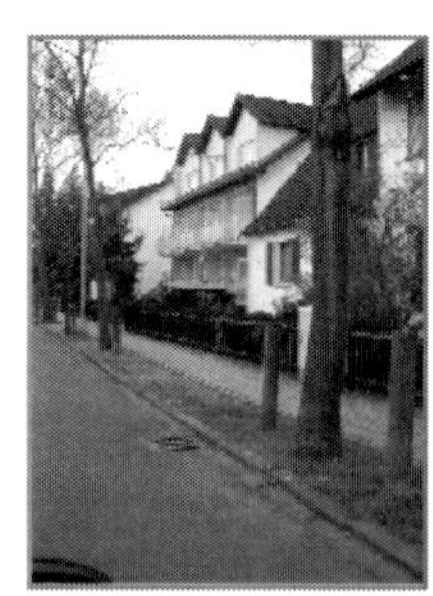

Ressourcen im öffentlichen Raum (Süd)

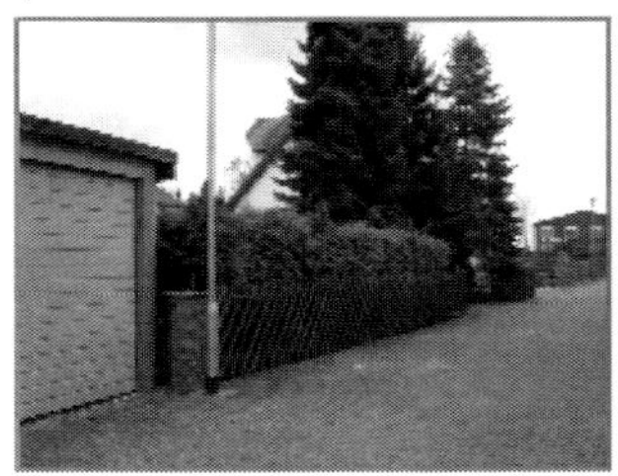
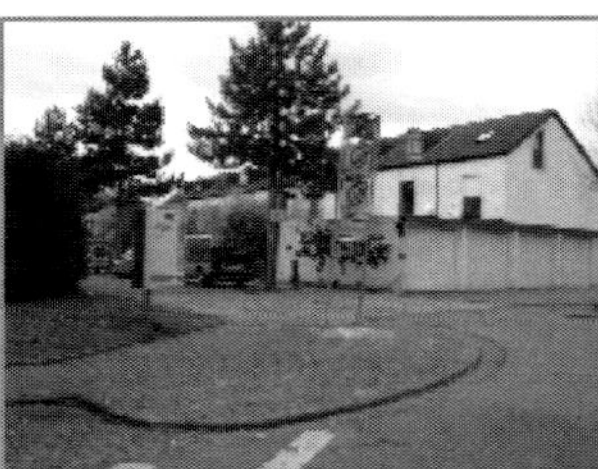
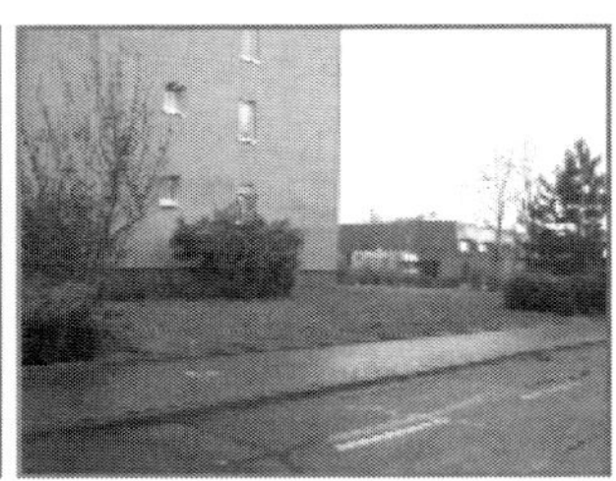
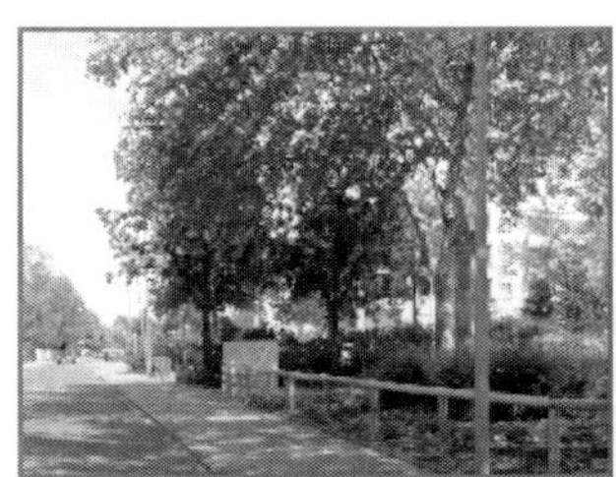
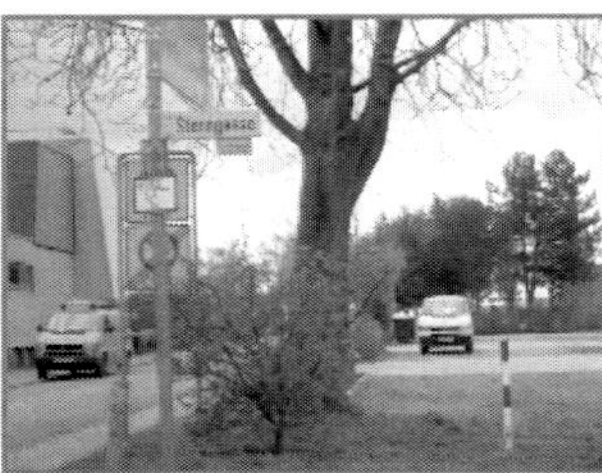
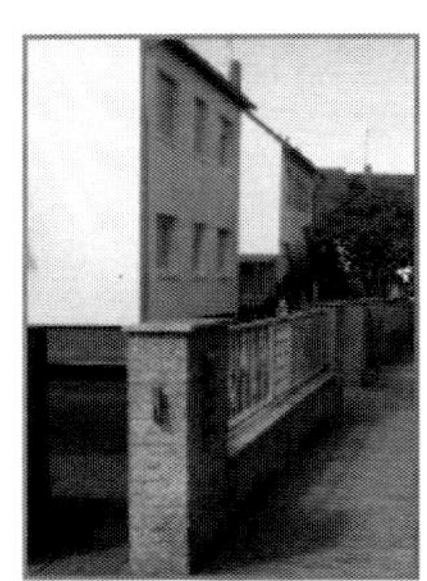
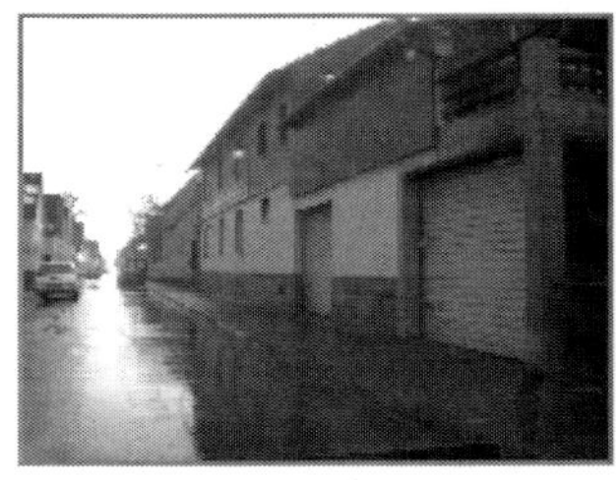
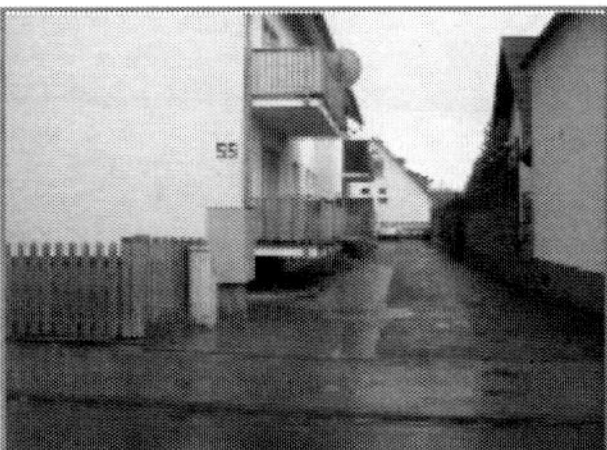

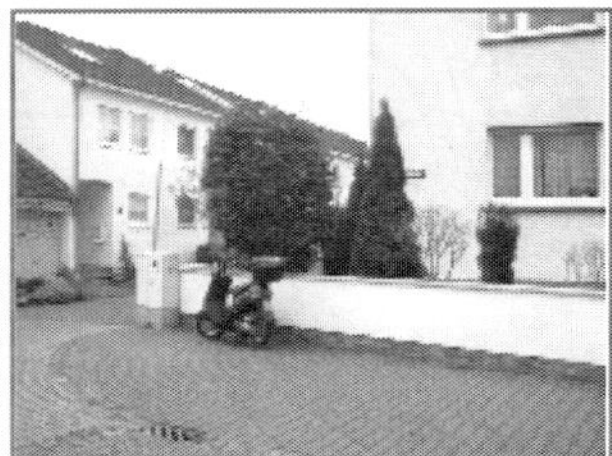
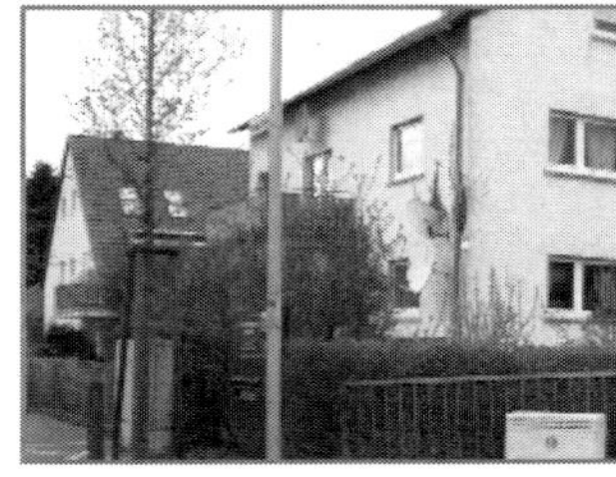
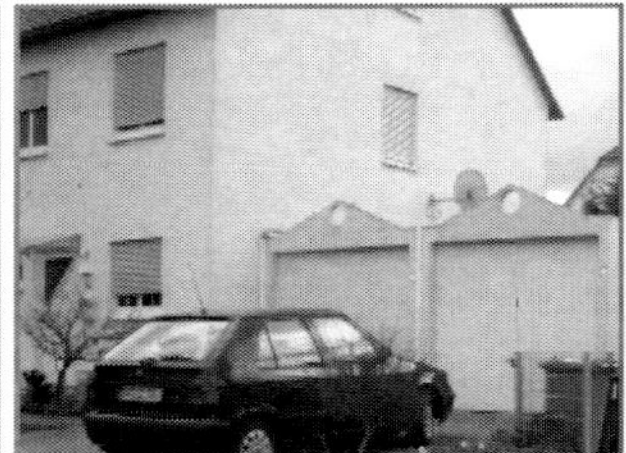
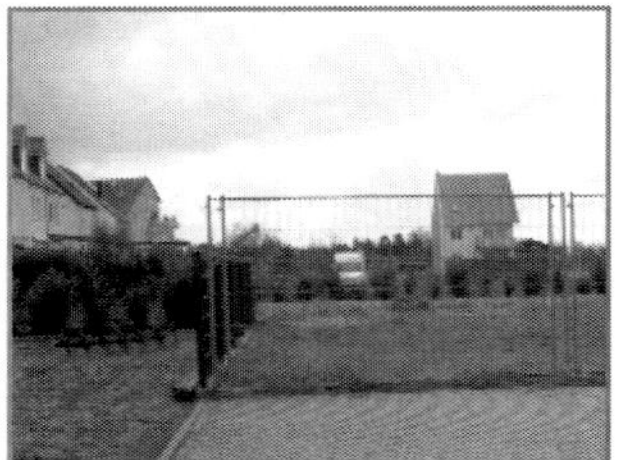

Ressourcen im öffentlichen Raum (Süd)

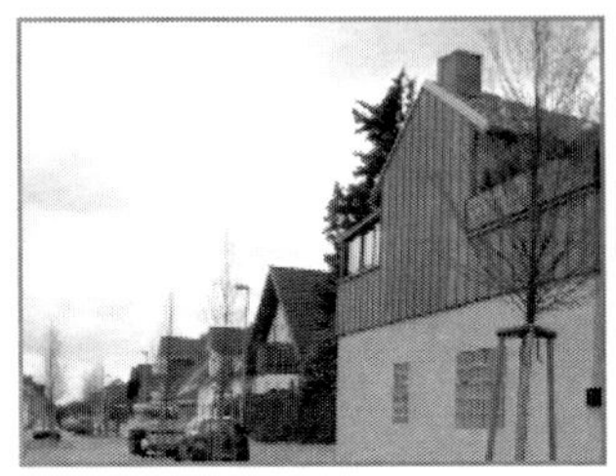

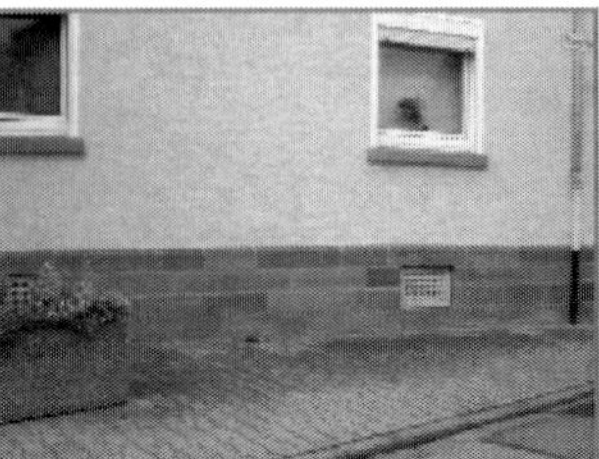

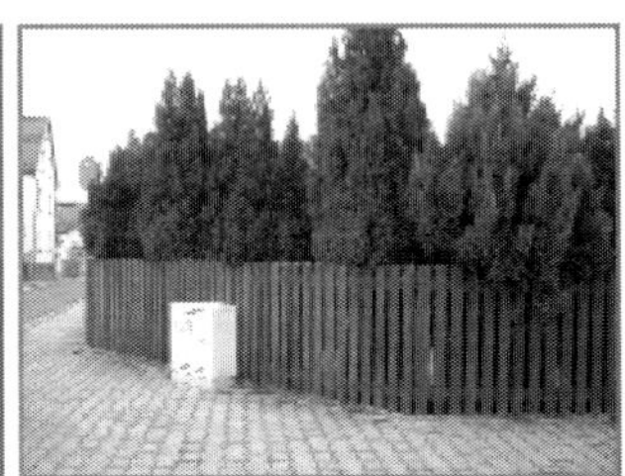

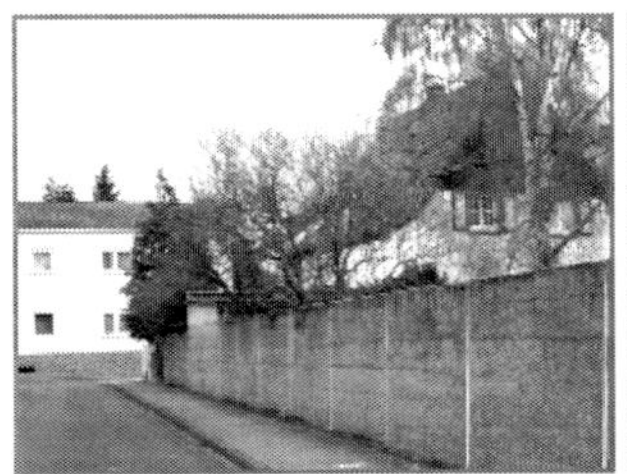

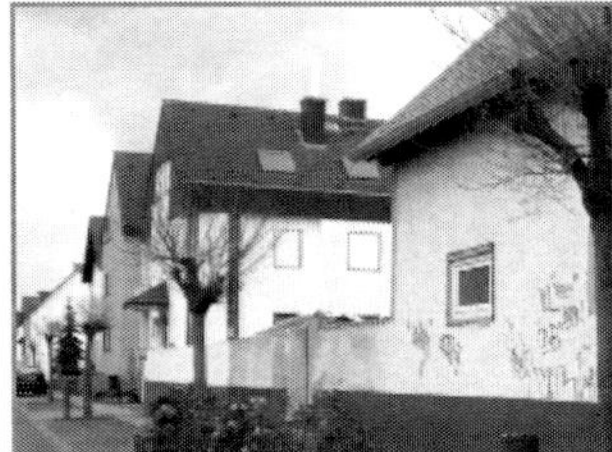

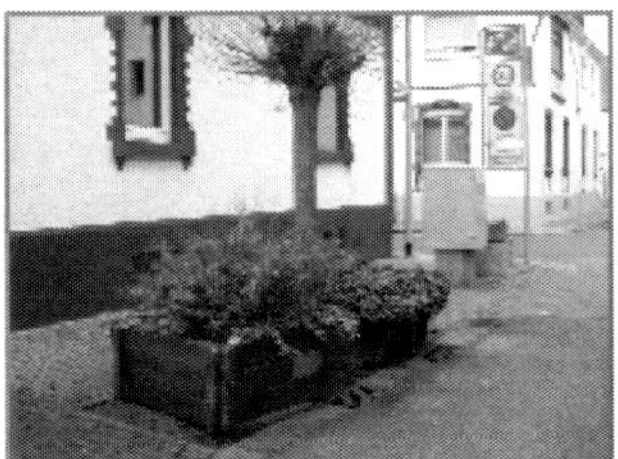

Spielobjekte

Spielobjekte weisen unterschiedliche Qualitäten auf. Sie fordern die Grobmotorik durch Gleichgewichtsübung und Hangeln, die Feinmotorik wird angesprochen durch Geschicklichkeitsanforderungen und schließlich die Koordination beim Wippen und Schwingen, Wirbeln und Drehen. Schließlich stellt das Bancieren und Experimentieren eigen Anforderungen.

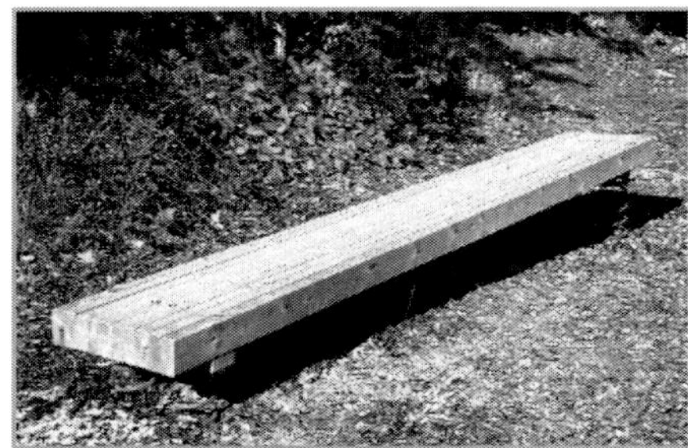

Qualität:
Grobmotorik - Gleichgewicht

Wackelbalancierbalken

Westfalia-Spielgeräte, Hövelhof

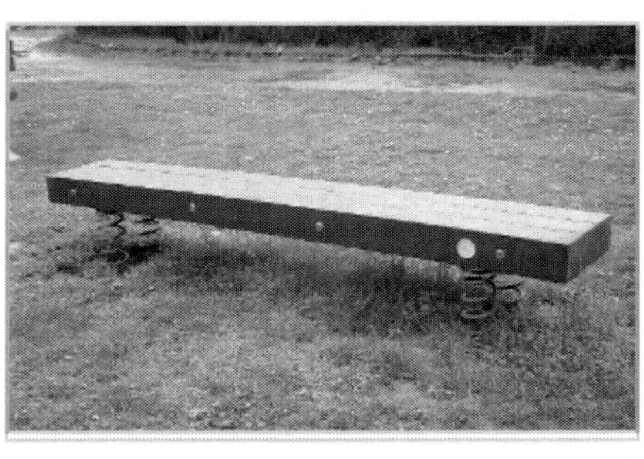

Qualität:
Grobmotorik - Gleichgewicht

Wackelbalancierbalken

Westfalia-Spielgeräte, Hövelhof

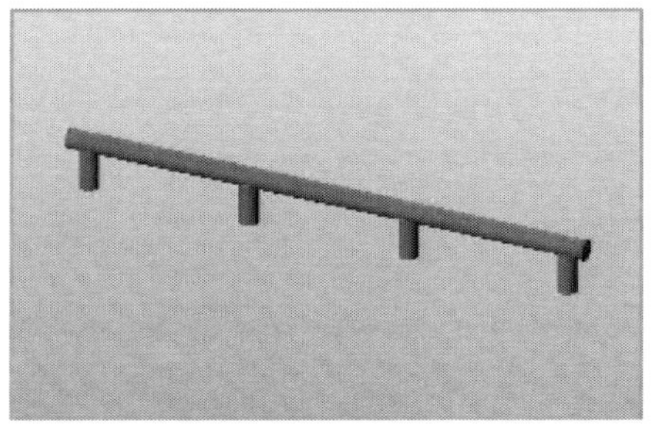

Qualität:
Grobmotorik - Gleichgewicht

Balancierbalken

Westfalia-Spielgeräte, Hövelhof

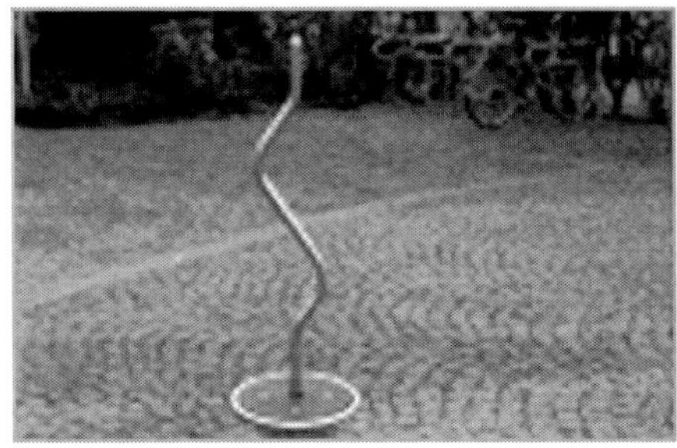

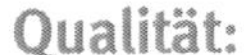

Qualität:

Grobmotorik - Gleichgewicht

Drehteller

Westfalia-Spielgeräte, Hövelhof

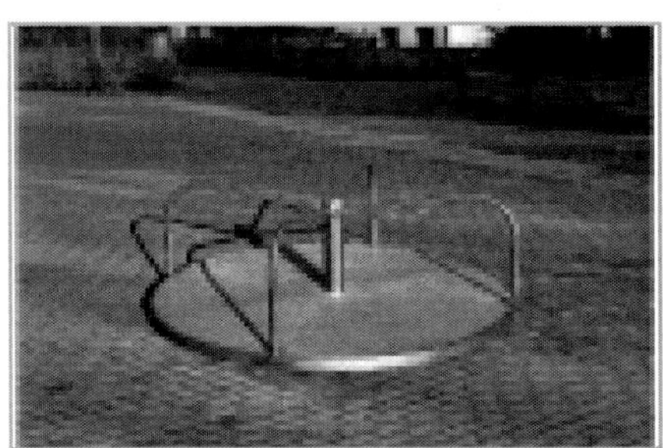

Qualität:

Grobmotorik - Gleichgewicht

Stehkarusell

Westfalia-Spielgeräte, Hövelhof

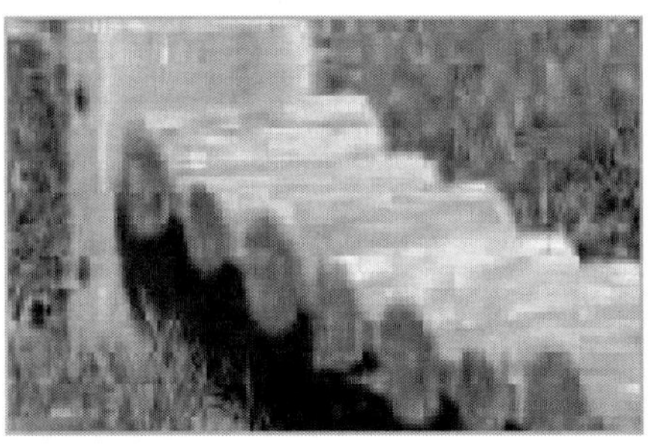

Qualität:

Grobmotorik - Gleichgewicht

Balancierpiste

Spielgeräte Maier, Traunreut

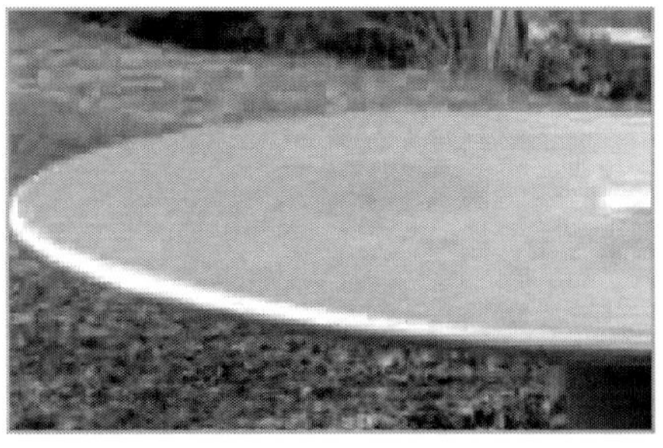

Qualität:

Grobmotorik - Gleichgewicht

Drehscheibe Turntable

Spielgeräte Maier, Traunreut

Spielobjekte

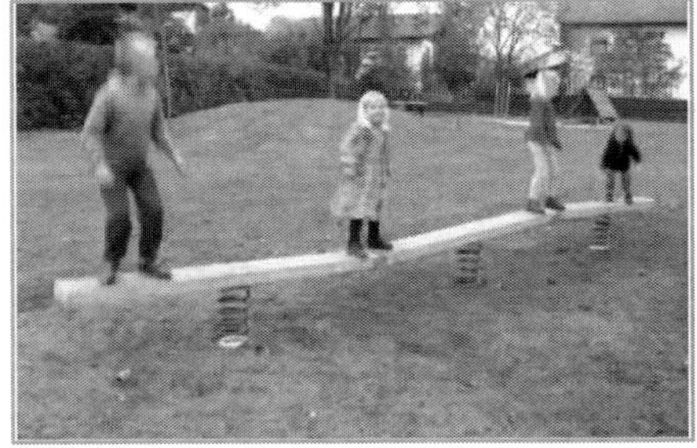

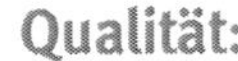
Qualität:

Grobmotorik - Gleichgewicht

Kamelritt

Spielgeräte Maier, Traunreut

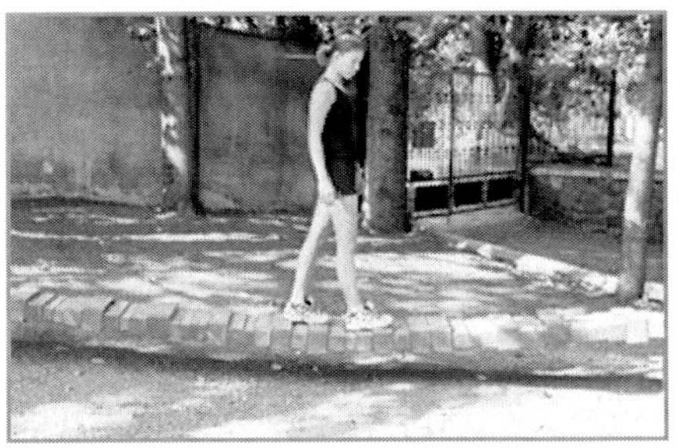

Qualität:

Grobmotorik - Gleichgewicht

Klötzchen-Brücke

Sport Gerlach, Dautphetal

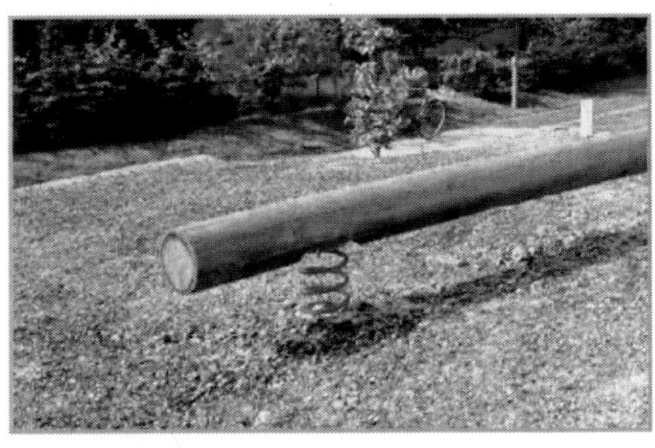

Qualität:

Grobmotorik - Gleichgewicht

Schwebebalken mit Federn

Sport Gerlach, Dautphetal

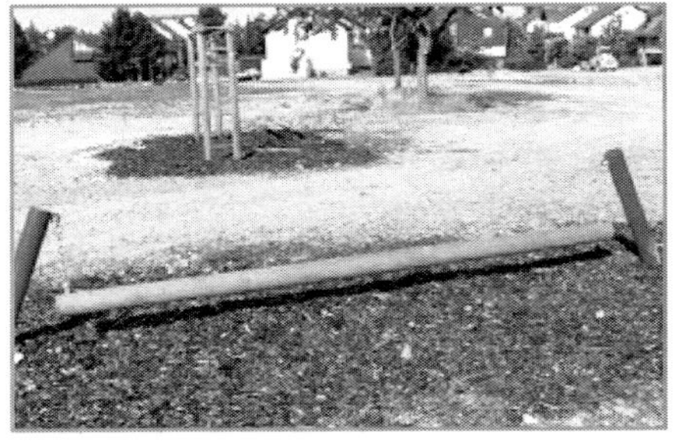

Qualität:

Grobmotorik - Gleichgewicht

Wackelbalken

Sport Gerlach, Dautphetal

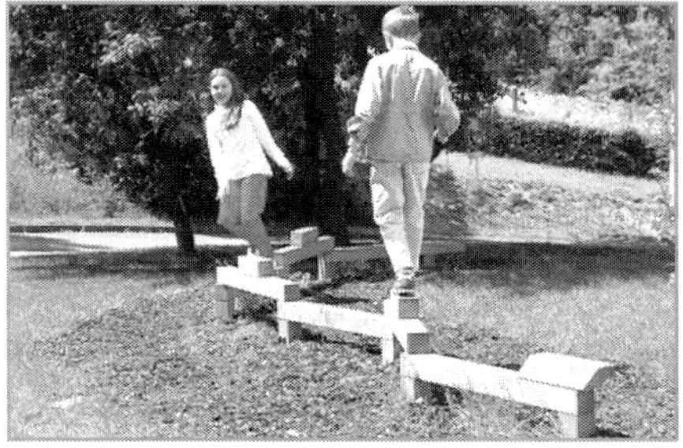

Qualität:
Grobmotorik - Gleichgewicht

Balancierbalken

Sport Gerlach, Dautphetal

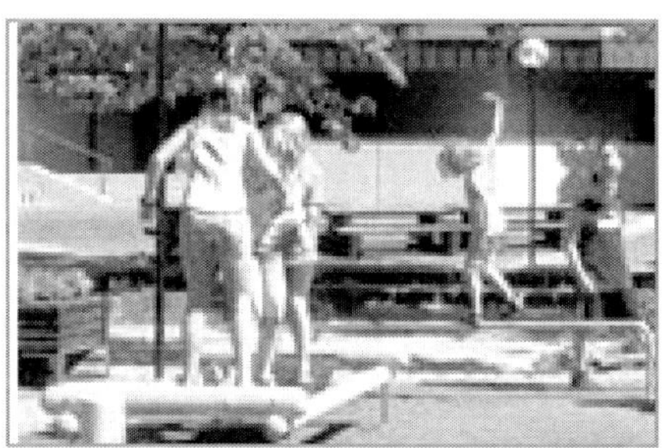

Qualität:
Grobmotorik - Gleichgewicht

Basis Balancier

Eibe, Röttingen

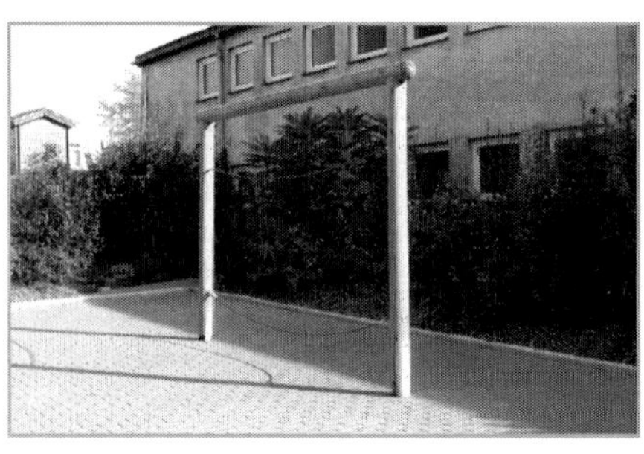

Qualität:
Grobmotorik - Hangeln

Balancier-broken

Westfalia-Spielgeräte, Hövelhof

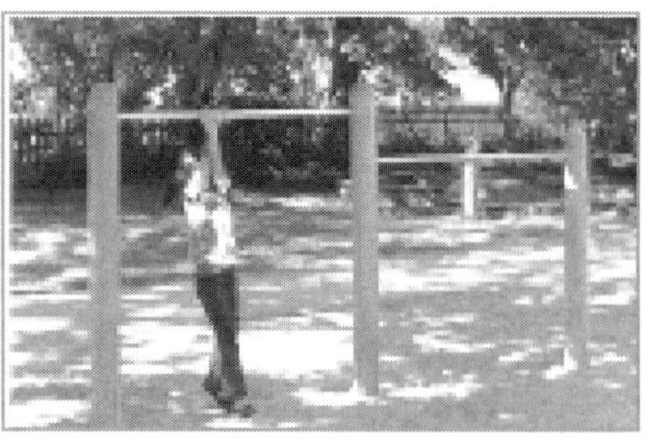

Qualität:
Grobmotorik - Hangeln

Zweifach-Reck

Westfalia-Spielgeräte, Hövelhof

Spielobjekte

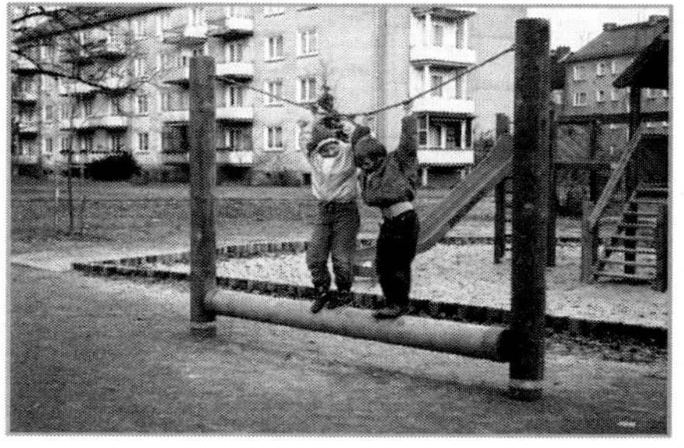

Qualität:
Grobmotorik - Hangeln

Drehbalken mit Seil

Sport Gerlach, Dautphetal

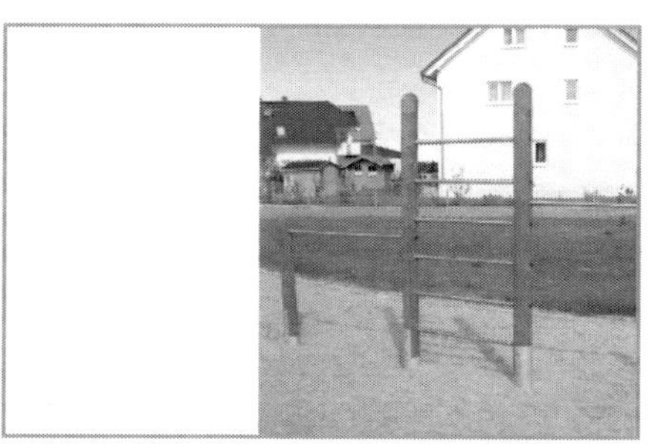

Qualität:
Grobmotorik - Hangeln

Reck

Sauerland Spielgeräte, Salzkotten

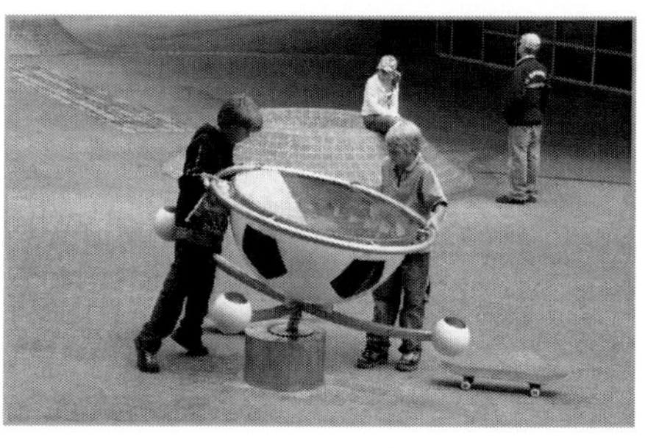

Qualität:
Feinmotorik
Ballspiele-Geschicklichkeit
Fußballspiel Der Drippler

Conlastic, Meerbusch

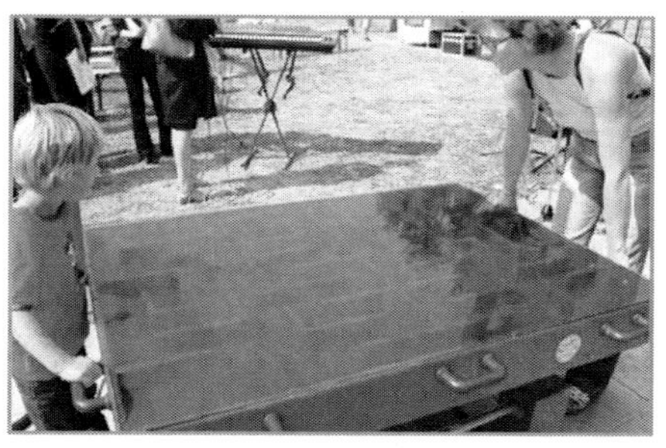

Qualität:
Feinmotorik
Ballspiele-Geschicklichkeit
Labyrinth

Conlastic, Meerbusch

Spielobjekte

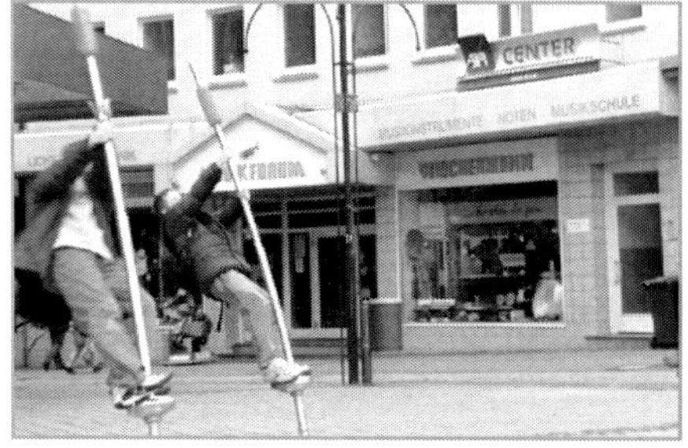

Qualität:
Wippen, Schwingen

Gräser

Conlastic, Meerbusch

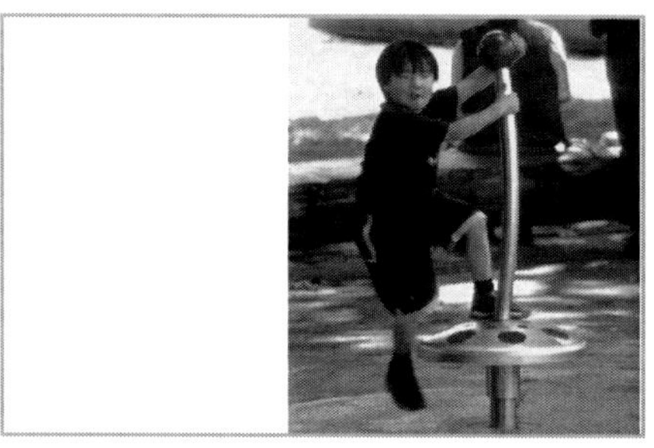

Qualität:
Wippen, Schwingen

Kleinkarusell

Conlastic, Meerbusch

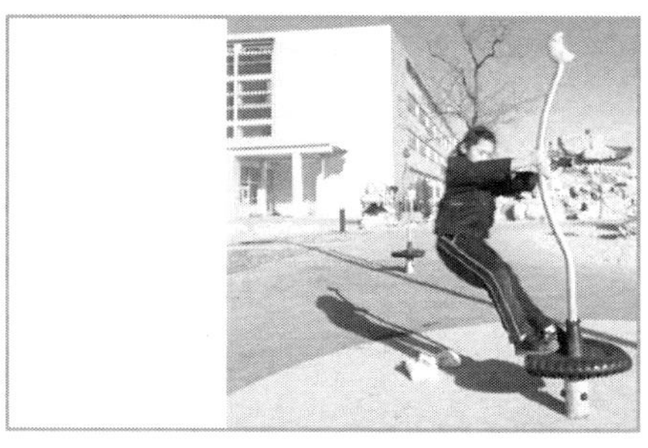

Qualität:
Wippen, Schwingen

SPICA

Kompan, Flensburg

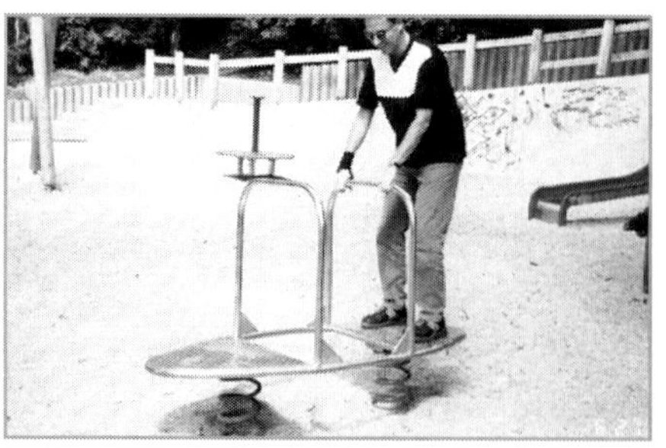

Qualität:
Wippen, Schwingen

Surfbrett

Sport Gerlach, Dautphetal

Spielobjekte

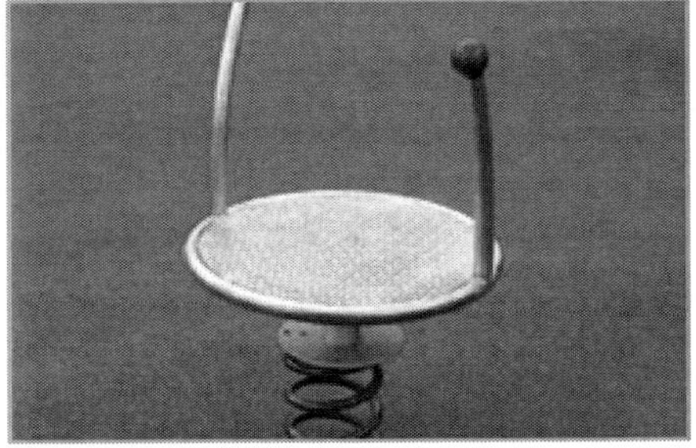

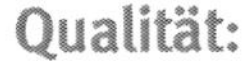

Qualität:
Wippen, Schwingen

Produktreihe Askelbios

Sport Gerlach, Dautphetal

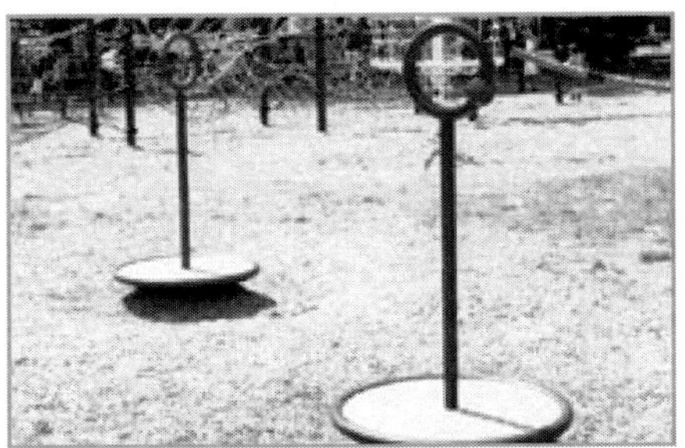

Qualität:
Wippen, Schwingen

Picolino Spielpunkte Feuerball

Berliner Seilfabrik, Berlin

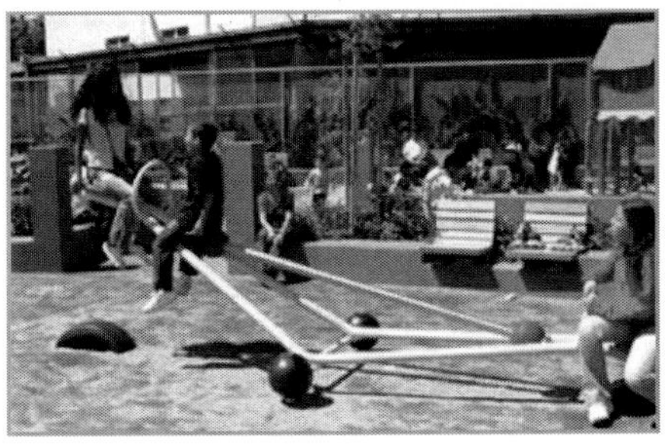

Qualität:
Wippen, Schwingen

Abakus

Berliner Seilfabrik, Berlin

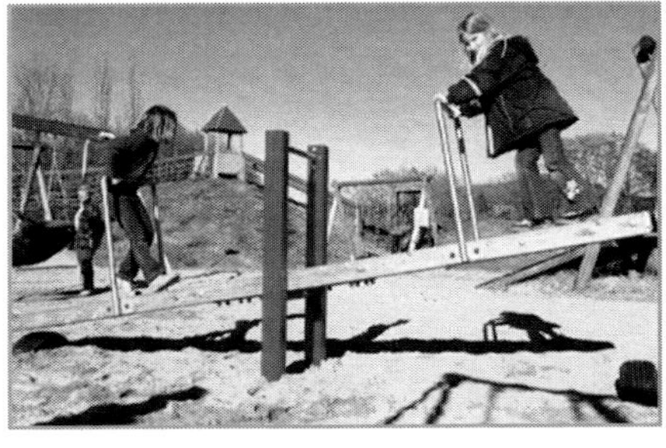

Qualität:
Wippen, Schwingen

Stand-by-Stand

Sport Gerlach, Dautphetal

Spielobjekte

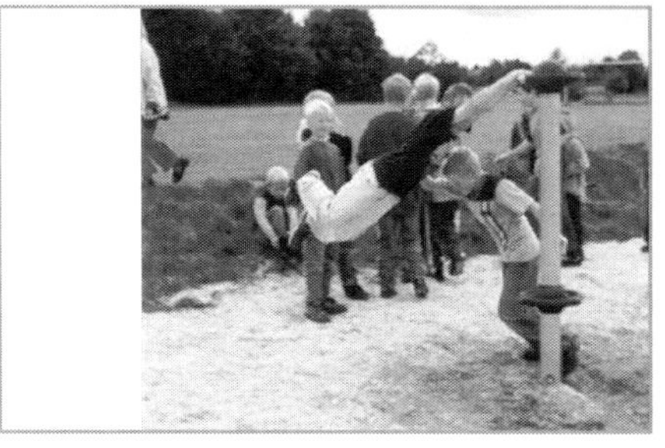

Qualität:
Wippen, Schwingen

Vega

Kompan, Flensburg

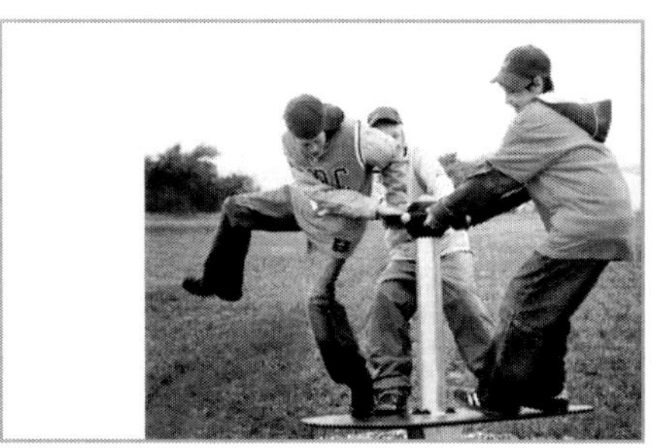

Qualität:
Wippen, Schwingen

Rock-et

Kompan, Flensburg

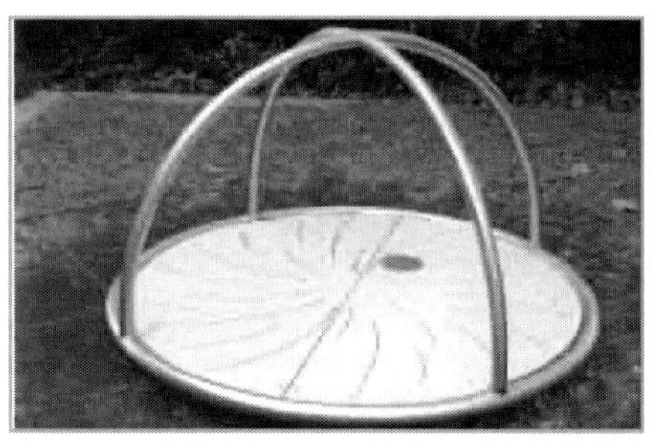

Qualität:
Wirbeln, Drehen

Edelstahlkarusell Lambada

Spielgeräte Maier, Traunreut

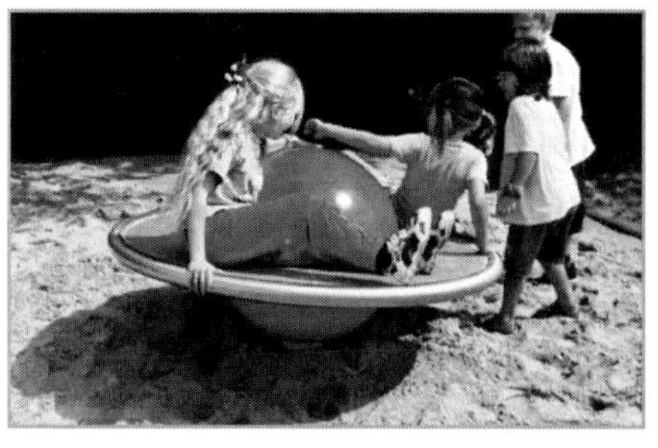

Qualität:
Wirbeln, Drehen

Karussell Clown

Conlastic, Meerbusch

Spielobjekte

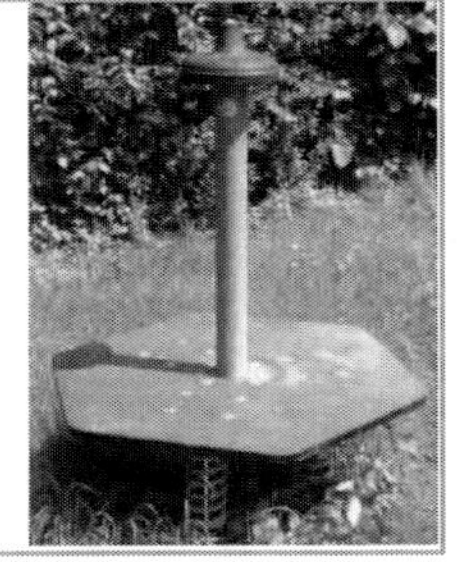

Qualität:
Balancieren

Surfer

Spielgeräte Maier, Traunreut

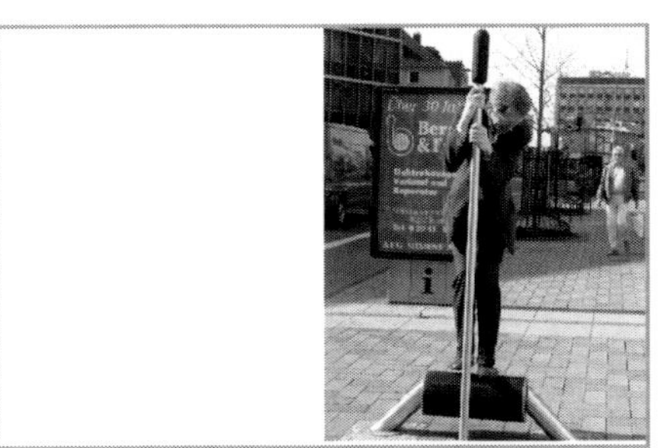

Qualität:
Balancieren

Tretrolle mit Speed

Conlastic, Meerbusch

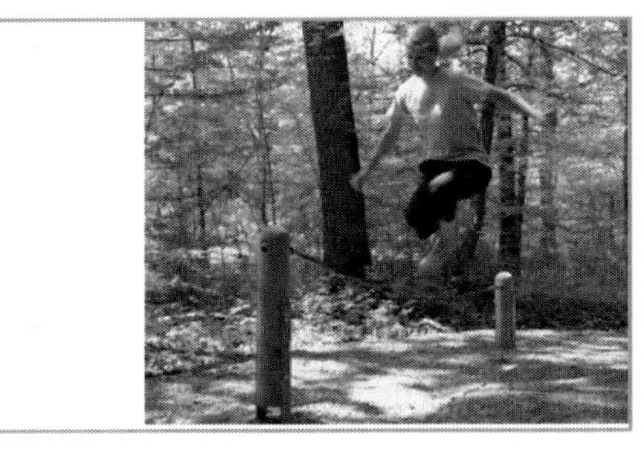

Qualität:
Balancieren

Eibe, Röttingen

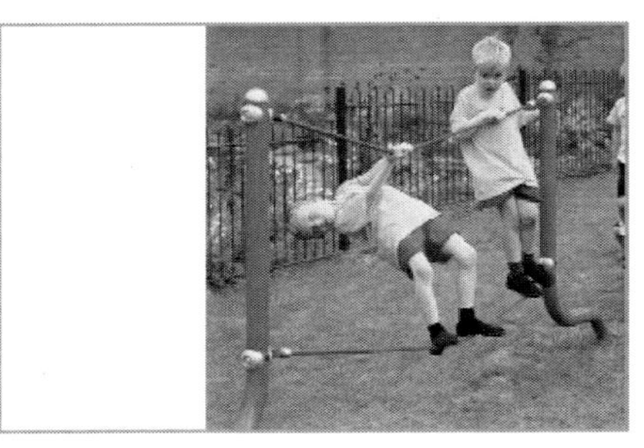

Qualität:
Balancieren

Netzbrücke

Playparc-Neonspiel, Willebadessen

Spielobjekte

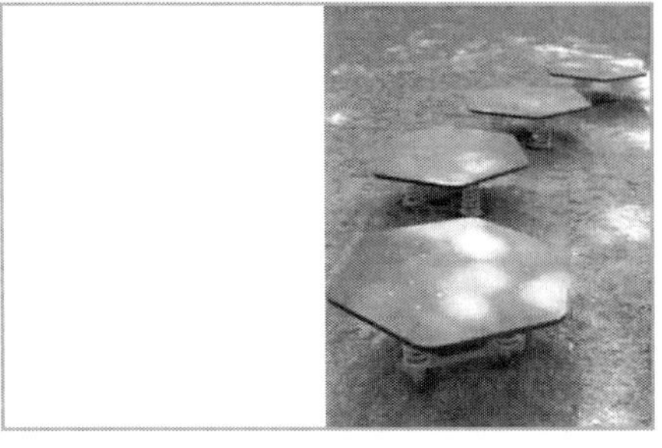

Qualität:
Balancieren

Hüpfplatte

Spielplatzgeräte Maier, Traunreut

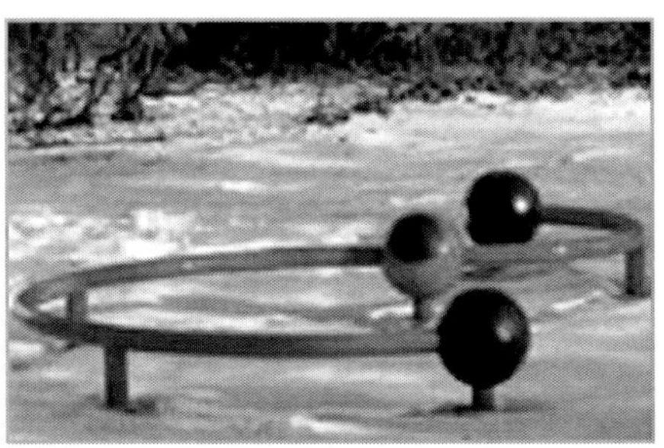

Qualität:
Balancieren

Orbit

Spielplatzgeräte Maier, Traunreut

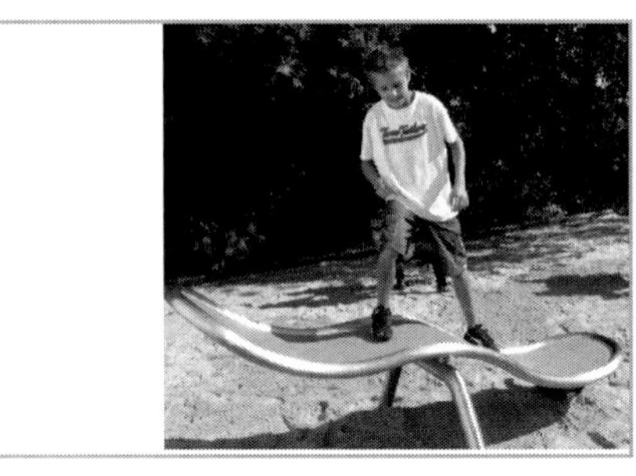

Qualität:
Balancieren

Welle

Conlastic, Meerbusch

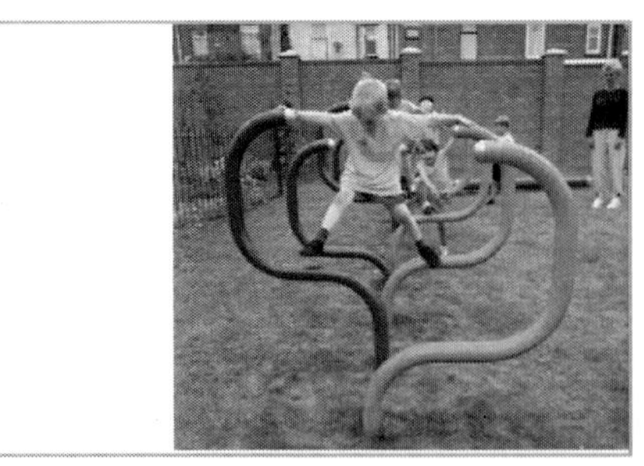

Qualität:
Balancieren

FunRun-Pfad

Playparc-Neonspiel, Willebadessen

Spielobjekte

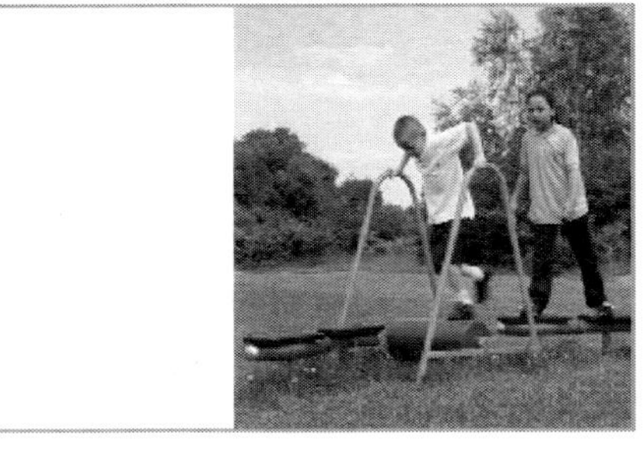

Qualität:
Balancieren

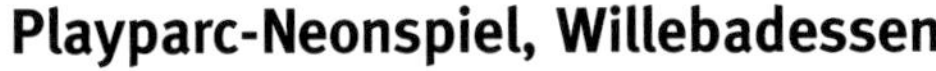

Playparc-Neonspiel, Willebadessen

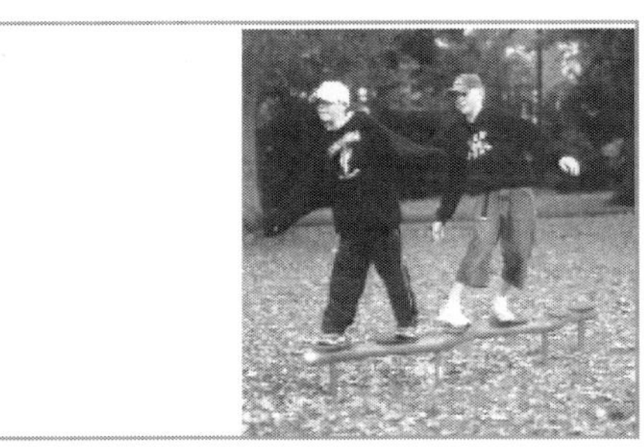

Qualität:
Balancieren

Slalom

Playparc-Neonspiel, Willebadessen

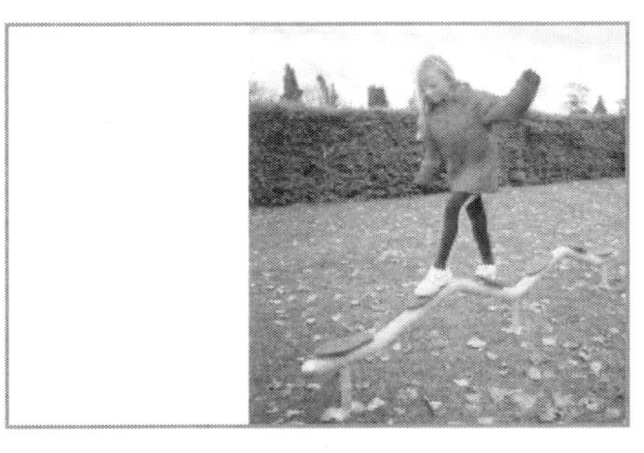

Qualität:
Balancieren

Blitz-Jongleur

Playparc-Neonspiel, Willebadessen

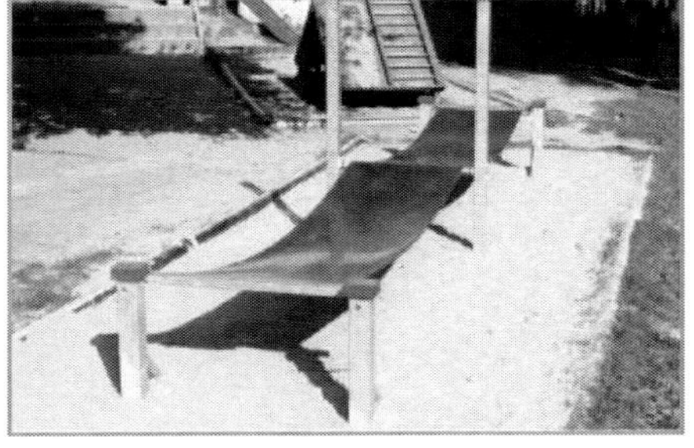

Qualität:
Balancieren

Gurtsteg

Sauerland Spielgeräte, Salzkotten

Spielobjekte

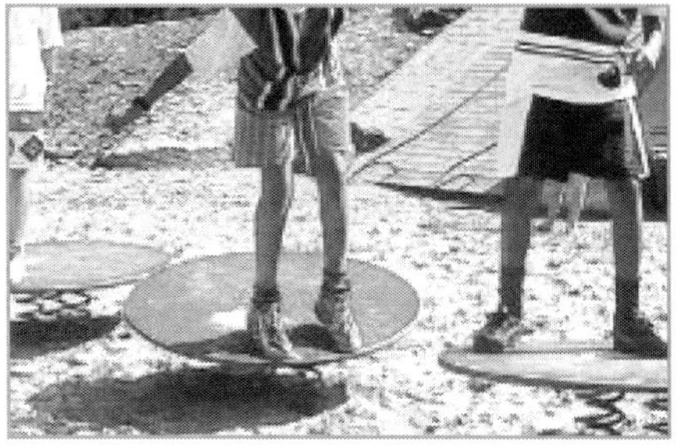

Qualität:
Balancieren

Teller-Hüpfplatte

Sauerland Spielgeräte, Salzkotten

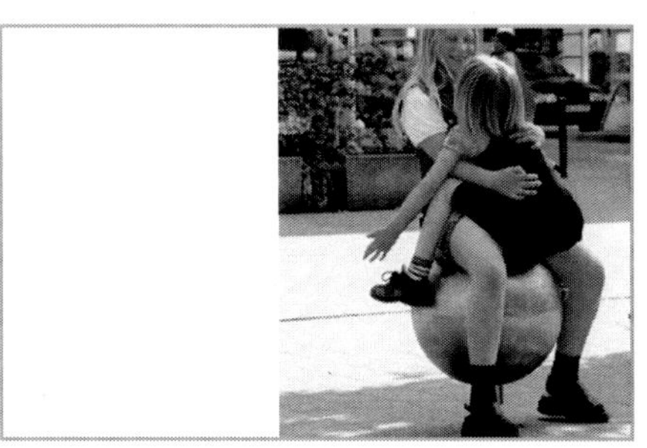

Qualität:
Balancieren

springender Punkt

Conlastic, Meerbusch

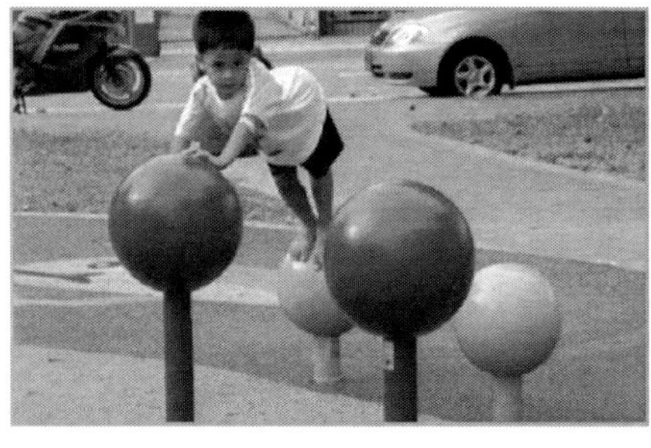

Qualität:
Balancieren

Großer und Kleiner Standpunkt

Conlastic, Meerbusch

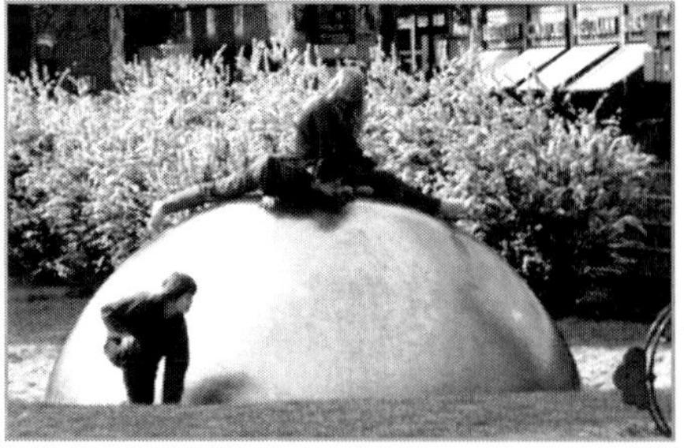

Qualität:
Balancieren

Der Berg

Conlastic, Meerbusch

Spielobjekte

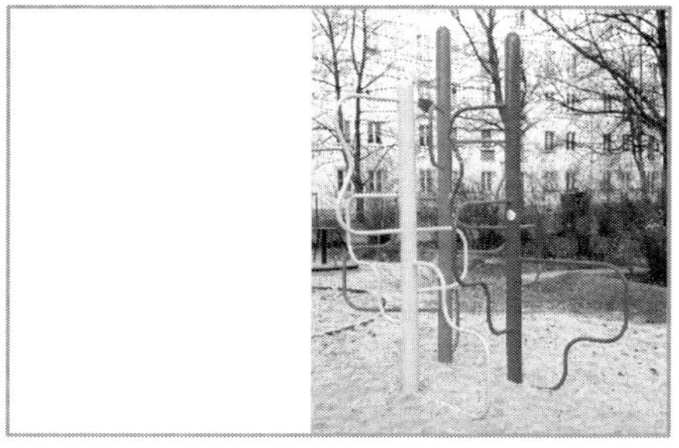

Qualität:
Klettern und Rutschen

Bergsteigerpfähle

Sport Gerlach, Dautphetal

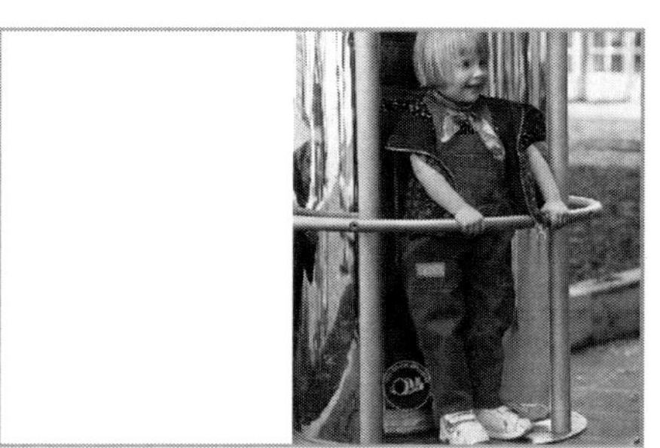

Qualität:
Experimentieren

Spiegelrotunde

Richter Spielgeräte, Frasdorf

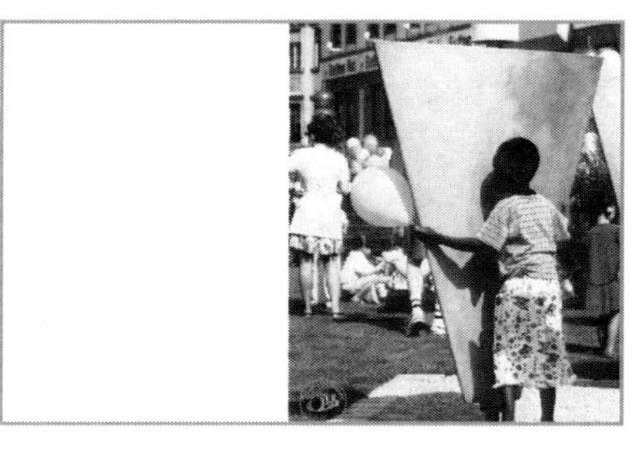

Qualität:
Experimentieren

Stadtmusikanten

Richter Spielgeräte, Frasdorf

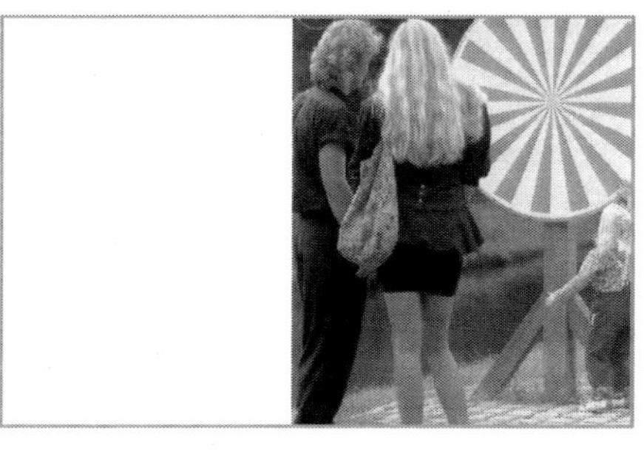

Qualität:
Experimentieren

Rotierende Schreibe

Richter Spielgeräte, Frasdorf

Spielobjekte

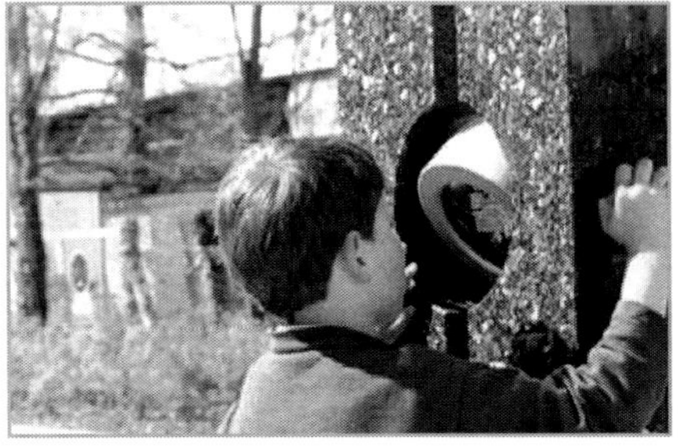

Qualität:
Experimentieren

Lichtstein

Richter Spielgeräte, Frasdorf

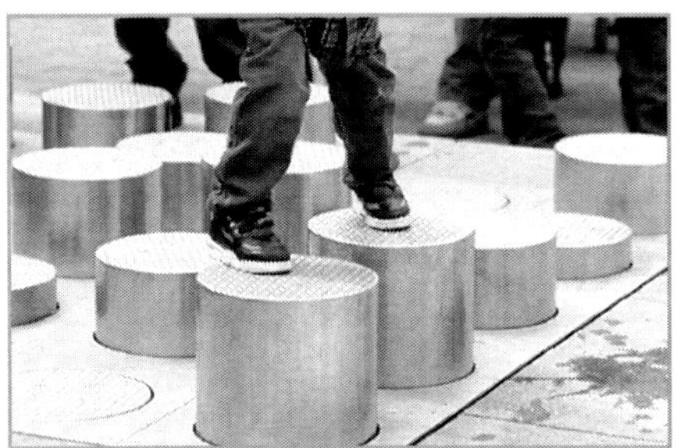

Qualität:
Experimentieren

Hopscotch

Richter Spielgeräte, Frasdorf

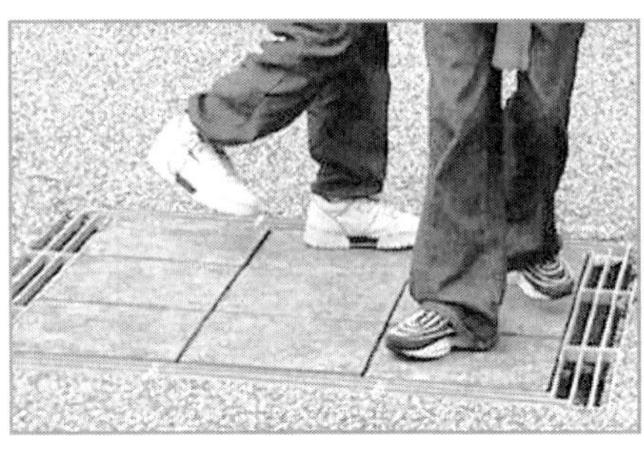

Qualität:
Experimentieren

Tanzglockenspiel

Richter Spielgeräte, Frasdorf

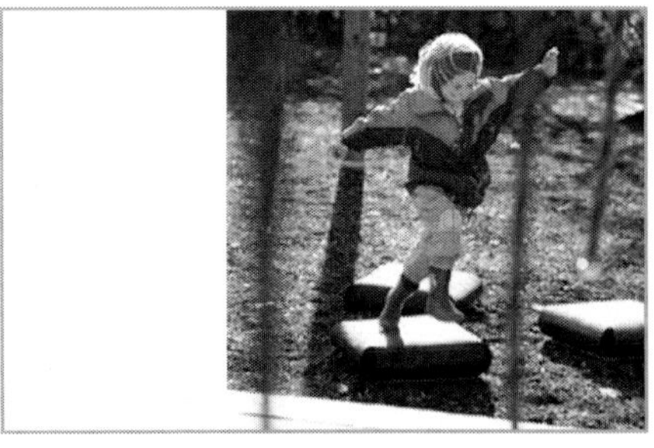

Qualität:
Experimentieren

Gummihüpfer

Richter Spielgeräte, Frasdorf

Spielobjekte

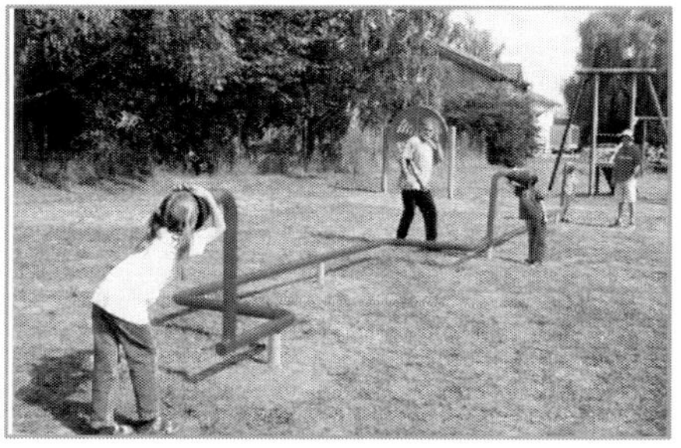

Qualität:
Experimentieren

Telefon

Sport Gerlach, Dautphental

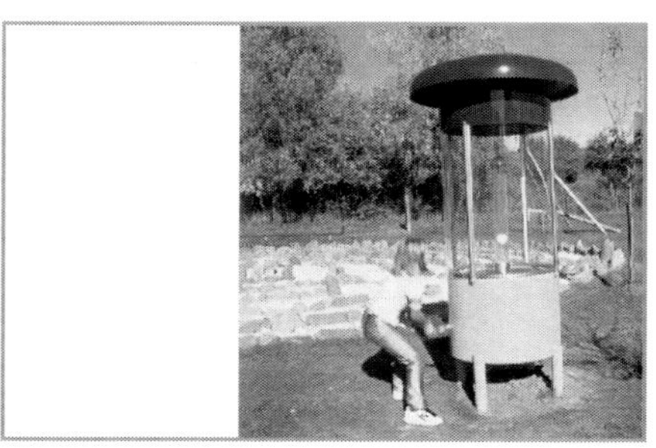

Qualität:
Experimentieren

"Die FÄÄgmeehl"

Sport Gerlach, Dautphental

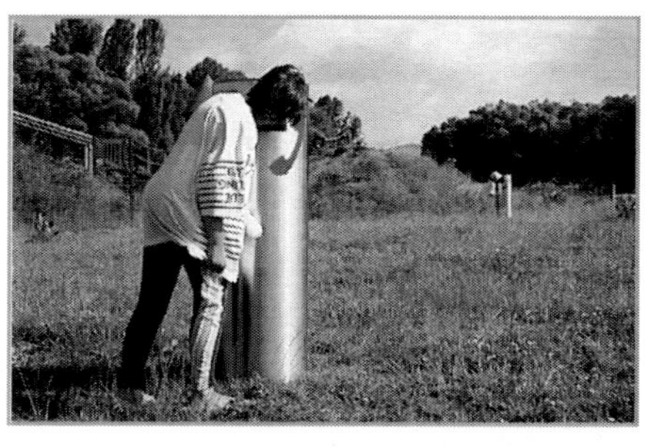

Qualität:
Experimentieren

Telefonsäulen

Sport Gerlach, Dautphental

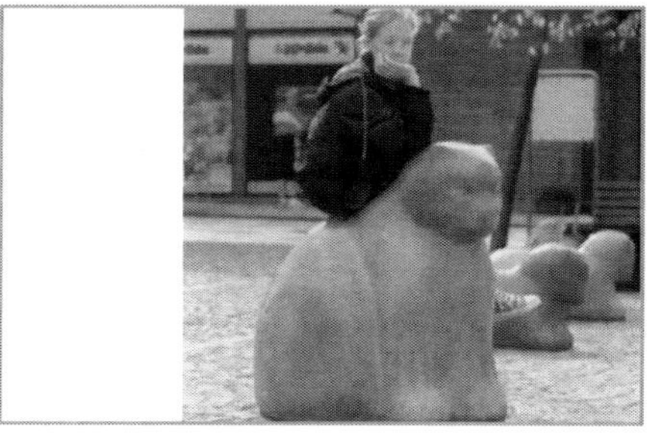

Qualität:
Kommunikation

Streichelstein

Sauerland Spielgeräte, Salzkotten

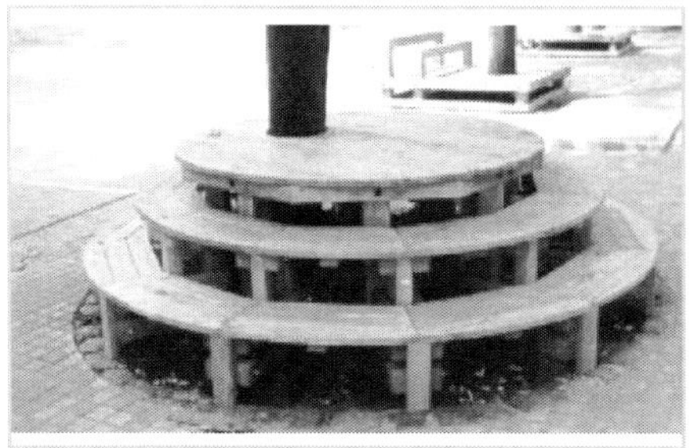

Qualität:
Kommunikation

Rundbank

Sauerland Spielgeräte, Salzkotten

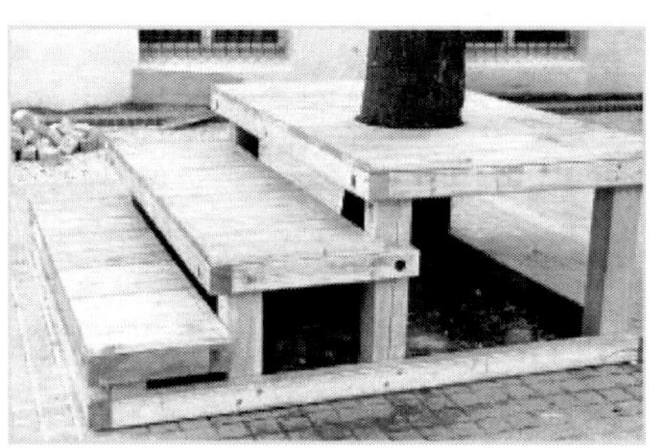

Qualität:
Kommunikation

Stufenbank

Sauerland Spielgeräte, Salzkotten

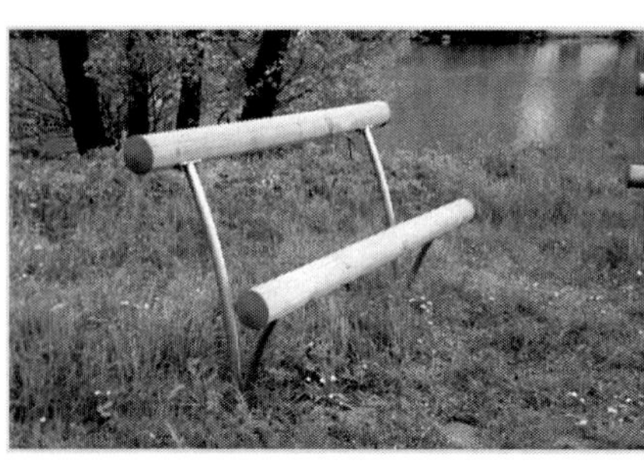

Qualität:
Kommunikation

Jugendbank

Sauerland Spielgeräte, Salzkotten

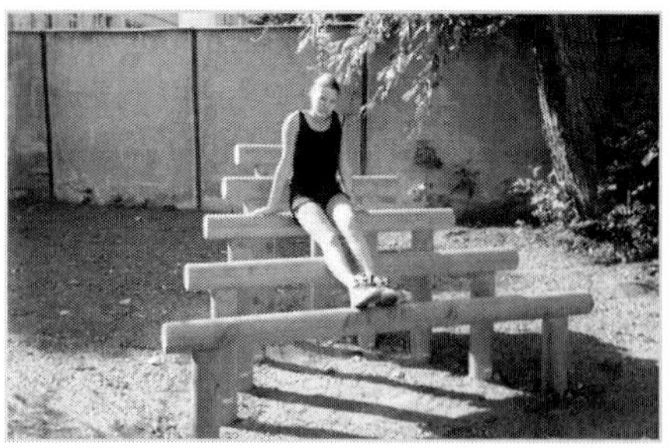

Qualität:
Kommunikation

Jugendbank

Sport Gerlach, Dautphetal

Sponsoren

Stiftung Flughafen Rhein-Main

Sparkasse Darmstadt-Dieburg

Volksbank-Griesheim

conlastic, Meerbusch-Büderich

KOMPAN, Flensburg

Sauerland Spielgeräte, Salzkotten

FCN Betonelemente, Fulda

Richter Spielgeräte, Frasdorf

Stadt Griesheim

Bewegung

Kletterstruktur

- Naturbelassene, starke Palisaden keine vorgegebene Spielnutzungsform
- Bewegungsaktivität: klettern, steigen, balancieren, robben, turnen, pendeln, schwingen

Unsere Spielangebote sind bewegungsunterstützend und fördern das selbstsichernde Schutzverhalten.

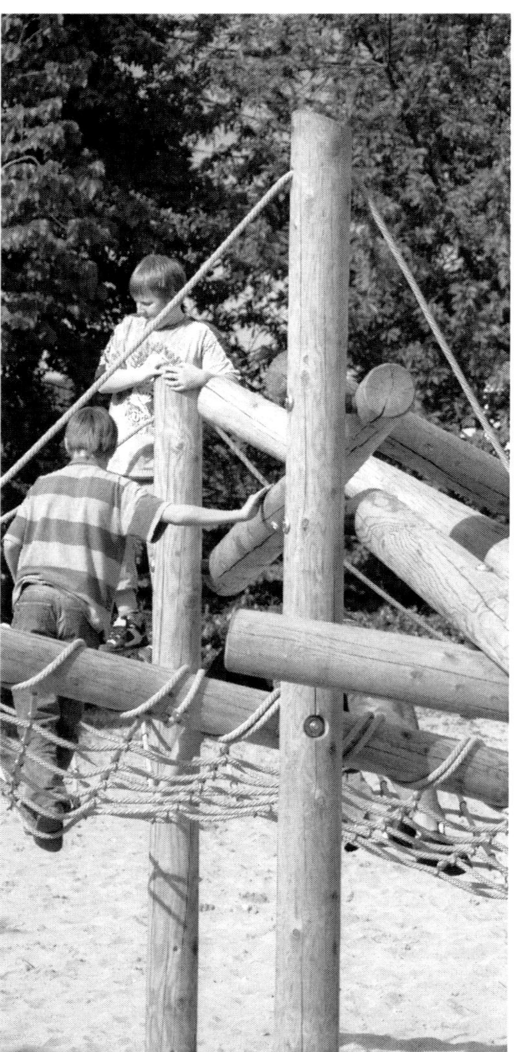

Guter Spielwert bietet Sicherheit

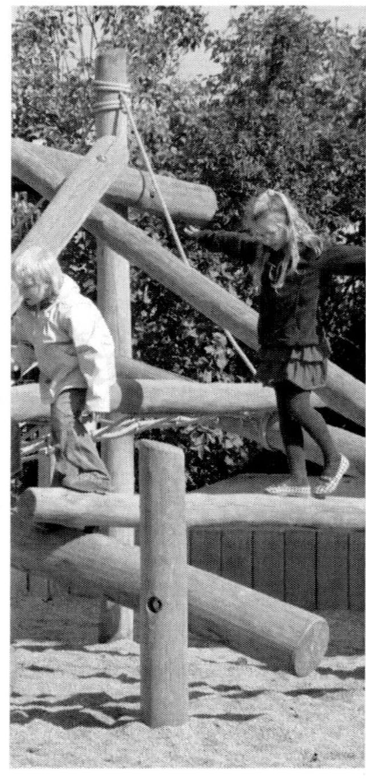

für Kinder ab 6 Jahren und Heranwachsende
für Schulen und Jugendeinrichtungen,
Sportzentren, Freizeitanlagen,
Parks und Touristenorte

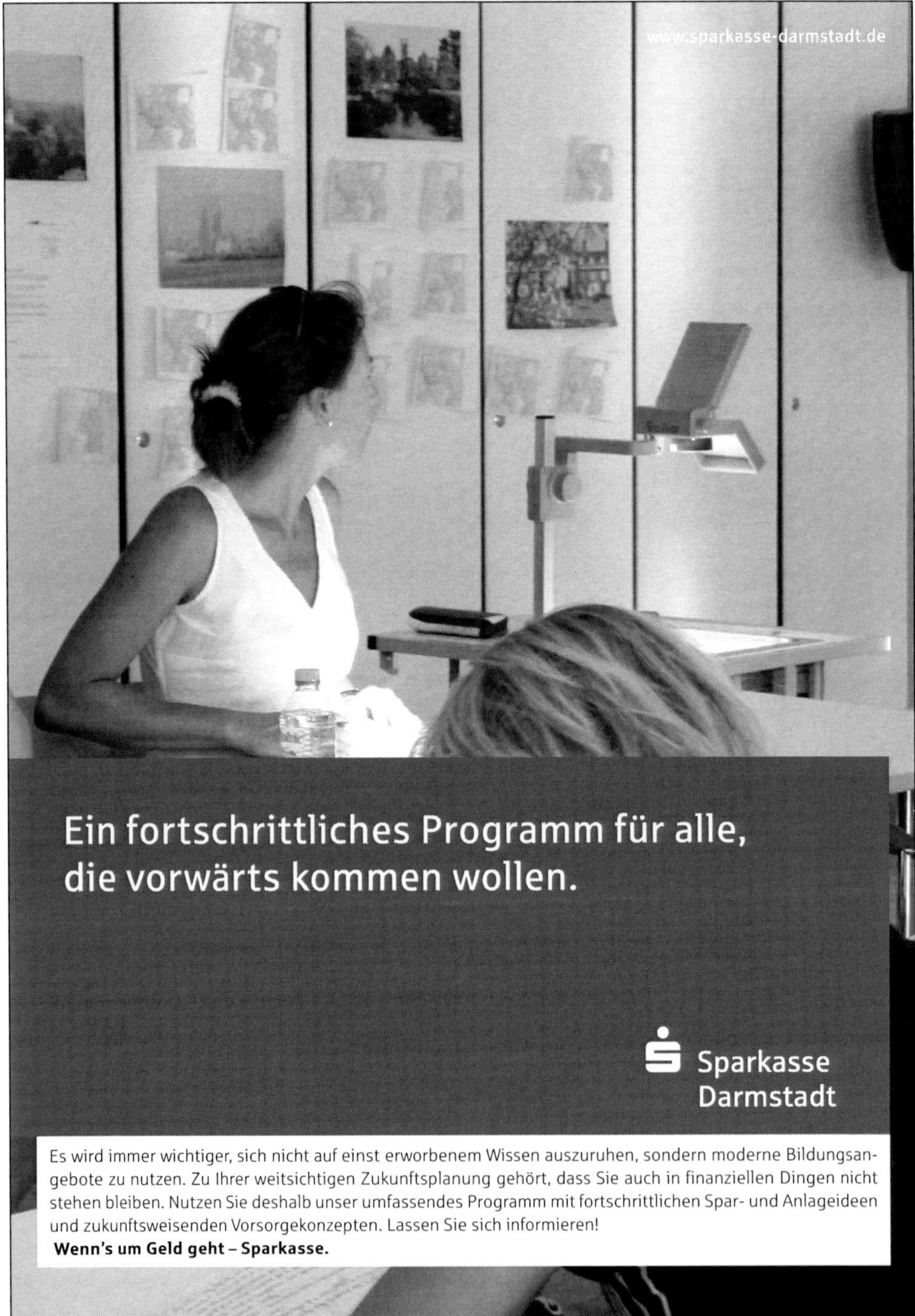
www.sparkasse-darmstadt.de
Ein fortschrittliches Programm für alle, die vorwärts kommen wollen.
Sparkasse Darmstadt
Es wird immer wichtiger, sich nicht auf einst erworbenem Wissen auszuruhen, sondern moderne Bildungsangebote zu nutzen. Zu Ihrer weitsichtigen Zukunftsplanung gehört, dass Sie auch in finanziellen Dingen nicht stehen bleiben. Nutzen Sie deshalb unser umfassendes Programm mit fortschrittlichen Spar- und Anlageideen und zukunftsweisenden Vorsorgekonzepten. Lassen Sie sich informieren!
Wenn's um Geld geht – Sparkasse.